サラ・フィッシャー＋レイチェル・ストール
杉原利治＋大藪千穂＝訳

アーミッシュの学校

アーミッシュの学校　目次

アーミッシュの学校

1　アーミッシュに学校が必要な理由

なぜアーミッシュ*は、自分たちの学校をもち、運営しているのだろうか？　彼らはこどもたちに、正直な生活の仕方、キリスト教徒としての生活をおくるために必要なことがらを伝え、授けたいと考えているのだ。

アーミッシュの人々は、宗教上の理由により迫害を受け、信仰の自由を求めて、何世紀も前にヨーロッパからアメリカにやってきた。彼らにとって、伝統とは、神から委託された責務にほかならない。したがって、祖先の理想を守ることは信仰の一部なのだ。そして、この根本原理を将来にわたって維持することが、彼らにとって極めて重要なのである。

アーミッシュの学校では、宗教を教えているのだろうか？　確かに学校では、毎朝、祈りの時がもたれる。聖書を読み、主の祈りを何度も斉唱する。しかし彼らは、聖書は家庭と教会でのみ教え、説かれるべきだと考えている。

けれども、あるアーミッシュの教師は回想している。宗教は、授業*そして校庭で一日中教えられていると。たとえば、算数では正確さとごまかしをしないこと、国語では自分たちが何者であるかを表現すること、歴史では人間愛、保健では清潔と勤勉を学ぶ。地理では世界に対する理解を広げ、音楽では神への賞賛をうたい、校庭では、誠実さや思いやり、率直さ、謙虚さ、そして隣人愛にもとづく人の途《みち》を身につけるのである。

アーミッシュの学校の目ざすところは、こどもたちに、永遠の真理に臨む覚悟をさせることによって、将来、社会に役立つ人間になるよう準備させることである。アーミッシュの学校の理念は、神から授《さず》けられたこどもたちの才能をのばし、知性を開くことなのだ。

責任と尊敬

こどもたちは、家庭において小さなうちから、将来成人した時、アーミッシュ流の生活を守り大人としての責任を持てるよう準備する。学校では、それらをさらに徹底して教えるのである。学校と家庭、両方において社会に役立ち、神に畏敬の念を持ち、法律にしたがう市民社会のメンバーとなれるように教えられ準備するのである。

私（サラ・フィッシャー）の考えでは、読《リーディング》みが一番大切な教科である。なぜなら、これはどの学校においても基礎の科目だからである。アーミッシュのこどもたちにとって、英語は母国語ではないので*、単語の意味、理解、発音に特に力点がおかれている。教師は通常、発音とつづりの練習から始めることが多い。これによって発音が容易になり、一度理解すれば、新しい単語を学ぶのに一生役立つからである。単語が理解できれば、物語も理解できるようになる。そうなれば生徒は物語が読め、それがどんな話かわかるようになるのだ。

読《リーディング》みに集中することにより、数学的思考力や作文力がつき、地理や歴史に関心が持て、書くのも上手になる。読みをよく勉強した生徒は、大人になって読書にいそしむことができるし、ラベルの説明書きなども良くわかるだろう。そして、神の言葉を読み、理解することができるようになるのだ。

こどもたちを感受性の鋭い人間に教育することは重要である。周りに敏感であること。これは日々の生活に必要なことであり、生涯にわたっての助けとなる。教育によってこどもたちは、目を大きく見開いて見なければならないものを見定め、耳を澄まして自分たちの周りに無数にちりばめられた大切な音を聞きとり、そして鼻を鍛えて何百もの臭いをかぎ分けられるようになる。

競争は重要ではない

アーミッシュの教師は、どんな目標や考えをもって教育に取り組んでいるのであろうか？　教室の壁にグラフをはり、紙の金星をつけて満点をあらわす教師もいる。このようなグラフによって、こどもたちは刺激を受け、満点を取ろうとがんばる。紙の金星は、よくできたとほめてやる一つの方法ではあるが、他方では、できの悪さをおおっぴらに示してしまう。落第のレッテルをはられたと感じた子は、実際にそうなってしまうこと

オールド・オーダー・アーミッシュのグループの多くは、こどもたちにアーミッシュ流の生き方——公立学校では決して求められない——を準備させるために、独自の学校を設立するのである。

が往々にしてある。いずれこどもたちは、ほうびなしで働くことを学ぶだろうし、達成することそれ自体が報奨であることを知るだろう。

競争は、教室内では必要である。しかし、競争を強調しすぎると、あまり良くできないこどもたちには公平でなくなってしまう。こどもたちひとりひとりにとって、昨日の自分よりも高い点をとることがめざす目標なのである。

アーミッシュの人々は、主に手紙でコミュニケーション*をはかっているので、読みやすい文章が書けるように学校でこどもたちを教育する。家庭に電話*はないし、交通手段*もかぎられているので、出生を知らせたり、結婚式やキルト*の集まり、集会、納屋の建築*等々への招待は郵便に頼らざるをえない。わかりやすく書くことは、英語をきちんと話せることよりも重要である。なぜなら、彼らは、相手のダッチ流の言いまわしなら良くわかるからだ。

　算数が理解できるようになる前に、それが役に立ち、実生活で必要とされる大切な技能であることをこどもたちに教えておかなければならない。学校を終えた後、彼らは算数を使って果物の瓶*やトウモロコシの束を数え、ベーキングパウダーや仔牛の餌を量る。部屋にペンキを塗るのにどれだけのペンキが要るのかを計算したり、一〇エーカーの土地に必要な肥料やトウモロコシの種を計算するのにも、算数を使うことになるだろう。また、農場の収支を記録したり、食料の価格を比較して、経済的な買い物をするためにも算数は必要となる。

　木こり、大工、石工たちは、材木を測り、正確に計算して、正しい見積りを出さなければならない。また、帳簿を保管し、色々な記録を体系的にファイルしておかねばならない。時代が変化するので、様々な職業*において算術的な記録が必要とされるのである。

このため教師は、生徒たちに、将来、算数*が大切となることを真っ先に理解させるのである。

公教育との相違点

オールド・オーダー・アーミッシュ*のある女性は、彼らの出版物である『ブラックボード・ブルテン*』誌のなかで、親戚のうちの何人かが受けている公教育について次のように述べている。「私の甥や姪たちの頭のできは普通です。けれども一人は七年生なのに、簡単な算数の問題を解くのにも計算器の助けをかりなければなりません。九年生の子の方は、百科事典から一字一句ひろわなければレポートが書けません。読書のレポートでは、本のカバーに書かれた以上のものを書くことができないのです。教師はといえば、宿題を集めもしないし、出した宿題の半分もチェックしません。」

「彼らが学ぶ科目は、コンピュータの学習から空気室中でのロケット実験にまで及んでいます。宿題には、いくつかのテレビ番組をみることまでが含まれます。だから彼らが私たちの家にやってきた時、ここにはおもしろいことが何もないといって、とても暇そうにしているのです！」

「去年の夏、姪の一人がやってきて、牛の足に包帯を巻く方法や、納屋での給餌《きゅうじ》の手伝いの仕方、野菜缶詰の作り方を学びました。教師の意見によって、クラス内での順位付けがなされ、彼女は補習グループに入っていました。「興味を示さない」という理由からです。でも、来年は、職業クラス（農業）をとると言っています。うまくいけば両親や教師に助けられ、はげまされて、彼女はコピーや電卓におさらばして自分の頭を使えるようになるでしょう。」

「私の友人のこどもたちは、教区*の学校に通っています。彼らは、公立の学校に通っている私の親戚の子よりも、学年があがるにしたがってどんどん勉強がすすんでいます。」

「教区の学校はとても良いと思います。私は、こどもたちを教区の学校に入れ、そこで教育を受けさせたいと思っています。」

アーミッシュの衣服は、外部の人に対してはもとより、自分たちのグループの人々にも、アイデンティティを直接表明するものとなっている。教師は、親と一緒に手をさしのべ、こどもたちが服装のきまりを守れるようにしてやる。

グループのアイデンティティ

衣服*はアーミッシュ社会にとって大変重要である。なぜなら同じ装いをすることによって、外の人に対してはもとより、アーミッシュ・メンバーにも自分たちのアイデンティティを直接表明できるからである。親たちは、学校に通っている自分のこどもたちに、アーミッシュのきまりにしたがった服装をするようにさとす。教師は、服装のきまりが学校でも守られているかどうかいつも注意している。男の子には、校庭でも帽子*をかぶり、教室内ではシャツの第一ボタンをとめるように指導する。学年が上の女の子は、学校に行くのに帽子をかぶることが推奨されている。

ランカスター郡*のある学校では、野球のグラブと硬球を使うことを禁止している。スポンジや柔らかなボールを使い、グラブなしで野球をすれば、若者がおこなうゲームもコントロール不可能なほどの激しい競争にはならないだろう。そして、そういった世俗的*競争が、大人にまで持ち越されるようなこともないだろう。

2　学校の設立

大恐慌の後、一九四〇年代になると、アーミッシュは自分たちで教区の学校を持つ必要があると感じ始めた。新たに学校を卒業した若者によって年長者の仕事が奪われないよう、多くの州で義務教育*の期間を長くしたからである。

それまでの公立学校は、ほとんどが一つの教室で一人の先生が教える八年制のものだったので、彼らはこどもたちを公立へ入れることに満足していた。というのも、家から歩いて通える範囲内に学校があり、そこで教えられる教科はアーミッシュの信念に反するものではなかったし、こどもたちは一四歳になると通学を免除されたからである。

しかし、こどもたちが一五歳（州によっては一六歳）になるまで公立学校に通うこと

大恐慌後の1940年代、法律によって、8年生をすでに修了していたとしても、15歳まで学校に行くことが要求されるようになった。このジレンマに対して、アーミッシュは解決策を見出した。それは、独自の学校を運営することであった。

1950年代になると職業学校が実現した。14歳のこどもは、週3時間学校に通い、他の時間は、家で両親から学んだ農業や家事の記録をつければよかった。

を要求されるようになると、彼らは何か妥協案を出されなければならないと思い始めた。一五歳の誕生日をまだ迎えてはいないけれど、八年生を終えたこどもたちをどうすべきか。一四歳になるこどもをもつ両親たちは、突如として決断を強いられることとなった。町の高校へ通うには、スクールバスに一時間も乗らねばならない。それでは、大事な農場での手伝い*の時間がなくなってしまう。また高校では、農場での生活準備に関係のない教科を勉強せねばならない。さらに、国旗に忠誠を誓ったり、英語でコミュニケーションしたり、少数派でいるというように様々な葛藤を抱え続けなければならない。ではは、アーミッシュのこどもたちにとって、高校に行くことより他にどんな選択肢があったのだろうか。

職業学校という解決策

親たちは自衛手段をとりだした。こどもたちが七歳になるまで、公立へ通わせないのだ。これによって、八年生になる前に一五歳の誕生日を迎えることができた。

他の解決策は、八年生をもう一度やるというものであった。すると、一教室制の学校はいっぱいになってしまった。学校に飽き、家で農場のことや家庭の仕事を両親から習いたいと望んでいる生徒たちに、教師は何かやる事を与えなければならない。一四歳の生徒のなかから「先生のアシスタント」役を作ることによって、教師はこの新たな責任の重圧から少し逃れることができた。

もう一つの解決策は、労働許可証の発行を町役場から手に入れることであった。許可証によって、こどもたちは八年生を終えた後、家で仕事をすることが可能となった。いくつかの州では、両親が八年生を終えたこどもたちを家にとどめようとした。そのため、高校に行かせなかった罪で親が刑務所に入れられたこともあった。

一九五〇年代になると、納得のいく解決策がついに得られた。職業クラス*が施行されることになったのである。一四歳の子は、一週間のうち三時間だけ学校に通えばよく、他の時間は、家で、両親から習った農場や家事の記録をつけるというものである。

田舎の人口が増え、増加する学生を一教室制の学校では収容しきれなくなってきたため、統合学校が作られ始めた。非アーミッシュのこどもたちは統合学校に通った。一方、アーミッシュのこどもたちは一教室制の学校に通い続けた。このような状況は、町役場が良い教師を提供し、アーミッシュの信念に反しない教科が教えられている限りは具合が良かった。だが、徐々に一教室制の学校は修理が必要になってきた。しかし、公立学校制度は、一教室制の学校を維持しようとはしなくなってきていた。同時に、アーミッシュの人口も、現存する一教室制学校の許容量を越えるほどまでに増加していた。

このように公立学校からアーミッシュの教区学校への転換が必要となってからも、その歩みはゆっくりとしたものであった。一九八三年の時点でもっぱらアーミッシュのために学校を維持していたのは、ランカスター郡ではただ二つの役場だけであった。このうち一つの役場は一教室制学校二校を運営し、一校が一年生と二年生で、もう一校が三年生と四年生用であった。もう一方の役場は二教室の学校一校を持っており、二人の教師がいて、それぞれ四学年を担当していた。

アーミッシュの価値観を反映する学校

七年生の最後に、公立学校からアーミッシュの学校に転校したアーミッシュ少女の言葉は、親たちの気持ちを代弁している。彼女の日記にはこう書かれている。「公立学校で、私たちは、世俗的な影響をいっぱい受けていたわ。テレビや映画、スクエアダンスから女の子らしくない体操まで教える体育、そして進化論を学ぶ理科などよ。両親は、私たちが習ってくるばかげた歌や家事の手伝いの後にかたづけなければならない宿題の山にうんざりしていたの。」（七五〜七六ページを参照のこと）

一教室制の学校には、アーミッシュの大家族のような雰囲気が漂っている。同じ教室で別々の授業がなされる。こどもたちは、その間、自分たちの勉強に集中しなければならないことを学ぶ。しかし、盗み聞きもまた学びの一つである。年長のこどもたちは以前学んだことを復習できるし、年少のこどもたちにとってはこれから勉強することの予習になる。年長の子は小さい子たちの勉強を助ける。そして、それによって自らも学ぶのである。

ひとつの例――アーミッシュの学校になったフェアビュー学校

この本の著者の一人である私（サラ・フィッシャー）は、ある学校が公立からアーミッシュへ運営を転換する際に関わってきた。フェアビュー学校は、私の祖父が公立学校の学区に寄付した土地に一九一六年に建設された。父と私たち兄弟五人は、皆この学校に通った。一九四〇年頃、町役場が一教室制の学校を閉鎖して統合学校を設立したとき、フェアビュー学校は校舎の状態が良かったため、公立の小学校として維持されることになった。結局、アーミッシュのこどもたちだけが通っていたが、一九七五年まで公立学校として運営されていた。

一九六〇年代の初め、フェアビュー学校の教師は、八学年全部ではなく下級四学年のみを担当したいと要望した。それは、五年生から八年生の生徒は統合学校に行くことを意味していた。このような事態に対処するため、アーミッシュは、フェアビュー学校の〇・五マイル西の町チェリーレーンにチェリーレーン学校を建てたのだ。

この地域のほとんどのアーミッシュは、一年生から四年生までのこどもたちをフェアビュー学校に、そして五年生から八年生までをチェリーレーン学校に通わせた。しかし、こどもを最初からアーミッシュの学校に入れたいと望む人々もいたので、一九七五年にはフェアビュー学校に入学するこどもはたった一一人になってしまった。

この学区は、少数生徒のための学校運営を中止する決定をし、学校の建物が競売に出

一教室制の学校では、同じ教室内で別の授業がいくつかなされているので、生徒は自分の勉強に集中しなければならない。しかし「盗み聞き」も学びの一つである。

されることになった。当初、アーミッシュは、学校を買いあげることなどとても無理だと考えていた。しかし、この地域の一人の企業家が、彼らからこの建物を奪うことはやめようと決めた。そこでアーミッシュの教育委員会は、この学校を二万三六〇〇ドルで購入することができたのである。

八月二三日に売買がおこなわれた。学期の開始は一週間後に迫っていたが、金曜日の夜になってもまだ教師が決まっていなかった。教師である友人の一人が、私のところへ相談にやってきた。彼女は、教育委員会に属している隣人に、私が教師になることを思案中だと話した。そしてその夜八時、教育委員会の男性三人（秘書、会計係、税金の集金係）がやってきて、フェアビュー学校で教えてくれないかと私に頼みに来た。

私は教育に漠然と関心を持っていた。フェアビュー学校がいつかはアーミッシュの学校になり、そこで教えるという夢を心に抱いていたのだ。私自身、こどもの頃学校が好きだったし、八年生を終えたとき学校を去るのが残念だった。しかし、この時代、アーミッシュの教師はきわめて少なかった。だからこのような緊急の事態がフェアビュー学校で起こった時、教師をやりたい気が少しでも私にあるのなら決心しない手はないと考えた。また、学校の建物に対するせつない思いもあったので、私は決心をした。

教育委員会の秘書は、長期の契約はできないけれど、まず一学期間やってみてはどうかと私に説明した。私はやってみたいとこたえた。すぐに教育委員長があらわれ、フェアビュー学校のドアの鍵を私に手渡してくれた。

フェアビュー学校で教える準備をせねばならない。私にはたった三日間しかなかった。次の月曜日、私は、すでに始まっていたチェリーレーン学校の授業に参加した。そして火曜日の朝、私は学校の扉を開き一九七五〜七六年度の学期を開始したのだ。

この地域の家族は、チェリーレーンとフェアビューの二つの学区に分かれた。チェリーレーン学校に二三人、フェアビュー学校に二四人のこどもたちが通うこととなった。どちらの学校も八学年全部がそろった。こどもたちが助けてくれたし、経験豊かな教師はいろいろアドバイスしてくれたので、私は良い学期を過ごすことができた。そして、二期目の学期も教えることになった。それぞれの学期に、うまくいった日とうまくいかなかった日があったけれども、うまくいった日の方が多かった。

フェアビュー学校は1975年まで公立学校だった。公立学区が学校運営中止を決定したとき、アーミッシュがこの学校を購入した。著者の一人、サラ・フィッシャーはここで教えるよう依頼された。

フェアビュー学校のこどもたちのうち、5年生から8年生までは近くのチェリーレーン学校（写真）に通っていた。フェアビュー学校がアーミッシュの学校になったとき、全部の学年がちょうど半分ずつになるように、二つの学校にこどもたちを分けた。

3　最高裁判所の関与

アーミッシュの学校制度の進展は極めて緩やかであり、しかもはっきりと一様にすすんだのではない。州立学校の登校に関する法律の施行は、州ごとに異なっている。カンザスのようにほとんどの人が田舎に住んでいる州では、アーミッシュが利用する一教室制の学校が公立学校制度により引き続いて運営されている。しかしながら他の州、例えばネブラスカ州では、一六歳までの通学を義務づけた法律が強制されている。その結果、一〇代のこどもたちを高校に通わせなかった父親たちに罰金が科せられ、投獄された。そのため彼らの居住地は徐々に追いやられ、今日、ネブラスカ州には一人のアーミッシュも残っていない。

アーミッシュは、裁判所による紛争の解決を信じていない。彼らが固く信奉している聖書の教えの一つに次のようなものがある。裁判所に行って報復するよりは、間違っていることでもがまんせよ（新約聖書「コリント人への手紙」六章五―八節と「ペテロの第一の手紙」二章一九―二一節）――。父親たちは、高校での世俗的な影響からこどもを守らねばならないと強く信じていた。そこで自分たちの信念に基づき、度重なる罰金、そして拘留さえもそのまま受け入れてきたのだ。

非アーミッシュ弁護団の形成

一九六七年にペンシルベニア州の法律家ウィリアム・ボールとミシガン州のルター派の牧師ウィリアム・シー・リンドホルムは、アイオワ州の学校当局とアーミッシュの家族との間で起こっている紛争を知った。彼らは、非アーミッシュの友人や人道主義者らとともに、シカゴ大学において「アーミッシュの宗教的自由に関する全国委員会」を設立した。彼らの目的は何か？　それは、オールド・オーダー・アーミッシュや再洗礼派の宗教的自由を守ることであった。

アーミッシュは、裁判所による紛争の解決を基本的に信じていない。しかしながら両親が14、5歳のこどもたちを公立高校に通わせるのを拒否したことにより起こった、ウィスコンシン州対ヨーダーの裁判は、1972年、ついに最高裁判所までいった。最高裁は、アーミッシュ勝訴の判決を下したのである。

この委員会は、ウィスコンシン州とヨーダー氏との間の紛争に関わった。一四歳と一五歳のこどもたちを高校に通わせることを拒否した罪で、両親が逮捕されたのである。アーミッシュの家族と州当局との対立は、これがはじめてではなかった。しかしアーミッシュの宗教の自由に対する非アーミッシュ委員会の尽力によって、ウィスコンシン州対ヨーダーの裁判は、一九七二年、最高裁判所に委《ゆだ》ねられた。そして最高裁判所は、ついにアーミッシュ勝利の判決を下したのである。

なぜいくつかの州では、この問題に関してアーミッシュの家族を起訴したのだろうか。こどもを放任した罪で両親が起訴され、児童福祉局にこどもたちを引き渡すよう命令が下ったケースもいくつかある。こどもたちに適切な教育を受けさせるべきだという「州としての表向きの主張」。しかし、その背後には重大な事実が隠されていた。高校に通うこどもたちが減れば、州政府に入るはずの税収も減ってしまう――このことの方が、州当局にとっては重大だったのである。

アーミッシュのやり方を認めた最高裁

一九七二年の最高裁判決は、何世紀にもわたるアーミッシュの伝統的なライフスタイルを認めたものである。すなわち深く根づいた彼らの信念、自分たち自身のための実践、生きるために高等教育を必要としない自給自足の生活スタイルを是認したのである。

ウァーレン・バーカー裁判官は次のように記している。「信頼性、独立独歩、仕事への専念というアーミッシュの特質は今日の社会でも十分通用するだろう。それに反駁する州当局の見解を支持する証拠は何もないのだから、このような価値ある職業的技術や習慣を持っている人々が社会のお荷物になるということは考え難い。彼らは信仰を捨てる決心をすべきではない。また八年生を終了した後、形式的に一年間か二年間の学校教育をおこなえば、このような問題を必ず解決できるという根拠も公判記録に見出すことはできない。」

「アーミッシュは確固とした宗教的信念にもとづいて、八年生以降の形式的な教育に反対しているのだ。彼らは高校や高等教育全般に反対なのだ。なぜならそこで教えられる価値は、彼らの価値観や生活の仕方と著しく食い違っているからだ。高校で強調され

アーミッシュは長い間、州や地方自治体からの迫害に直面してきた。公立学校への通学を拒否したからである。写真は、1965年11月19日、アイオワ州で公立学校へ強制的に連れて行かれそうになり、トウモロコシ畑へ走って逃げるこどもたちを写したもの。

るのは知的・科学的達成、自己の識別、競争、世俗的な成功、他の学生との社会生活などだ。これに対しアーミッシュ社会では、知的生活よりも行動を通して得られる学習、即ち生活の美徳を重んじる。知識の断片より智を、競争よりコミュニティの幸福を、世俗的な現代社会との統合よりも分離を強調しているのだ。」

アーミッシュのコミュニティ自身が、最高裁にまで訴えることとは決してないだろう。しかし、彼らは、一九七二年の判決によってもたらされた平穏に深く満足している。彼らはコミュニティとして生きているが、それについてあまり多くを語ろうとはしない。そして非アーミッシュの人々が裁判を通じて、自分たちの固い信念を言葉で表現してくれたことに驚きながらも深く感謝している。最高裁の判決によってアーミッシュの学校問題は軽減されたが、全くなくなったわけではない。いくつかの州では、今日でも依然として、八年生以後の通学拒否のことが彼らを悩ませている。

4　学期の最初の日

学校が始まる一週間ほど前になると、親たちがやってきて校舎の掃除をする。教師はその時、ずっとそばにいると良い。なぜなら親たちと知り合いになっておけば、こどもと家族を結びつけて考える上での基礎づくりができ良い準備となるからだ。さらに掃除中の会話を聞いていると、親が教師に何を期待しているかを知ることができる。

あらかじめ生徒の記録をしっかり見ておくと良い。最初の日の準備として役に立つ。こどもたちの名前と年齢、そしてどの学年に何人いるかがわかるからだ。私（サラ・フィッシャー）は、こどもたちをいつも年齢順に並ばせ、顔と名前をすぐに一致させることができた。

こどもたちが、期待に胸を膨らましてやってくる新しい学期の最初の日。この日ほどどきどきすることはない。前学期の最終日に席を決めておくと、こどもたちは座る場所を正確に知ることができる。机が体に合わなかったり、仲良し同士が隣になっておしゃべりし過ぎる時には席変えをする。同じ学年のこどもたちを隣どうしにしておくとやりやすい。けれども体の大きさはまちまちだし、仲たがいすることもあるので、いつもこの方法がうまくいくとは限らない。

最初の日は、ゆっくりと進めていくのが望ましい（ただし、三ヶ月にも及ぶのんきな生活*をおくってきた二〇～三〇人のこどもたちに対して、ゆっくりやるのは我慢ならないという教師の場合は無理かもしれない！）

最初の日には、しなければならないこと、しておかねばならないこと、そして時間がゆるせばすべきことがいっぱいある。

一年生は、まず学校にいることに慣れなければならない。彼らはクラスでなされる事柄をただじっと見つめ、時間を過ごすだけでよい。

8学年の生徒の責任者である教師には、まとめる力と忍耐が要求される。

一人の先生と八学年のこどもたち

最初の日も、いつもの学校の一日と同様、お祈りの時間から始まる。私は、学校での最初の一日を始めるにあたって、まず詩編一、詩編二三、あるいは新約聖書のコリント書一三などのような、誰もが良く知っている聖書の一節を読むのが良いということを見いだした。生徒が指示にしたがえるようなやり方を、教師はすぐに確立する必要がある。先生が読んでいる間、こどもたちは手を机の上に置き、座っていなければならない。読《リーディング》みに続いて、こどもたちは自分の机の横に立ち、頭を垂れ、手を合わせて、主の祈りを斉唱する。

次は前に向かって立って並び、二～三曲歌をうたう。最初の日の朝は、八年生から学年順に並ばせるのが良い。そうすれば大きさの順に並ばすことができるからだ。三〇人の生徒がいれば、七人ずつ二列と八人ずつ二列、計四列にするとうまくいく。

男の子と女の子は別々の列に並ばせるべきか、あるいは一緒にした方がよいか。ある学校でうまくいっても、別の学校ではうまくいかなかったりする。異性と歌の本を一緒にもってうたうのが嫌ではないこどもたちがいる。その一方で、敵対意識を抱いている

教室であろうと外であろうと、歌は毎日の学校生活の一部だ。

グループもある。私は、一八人の男の子、一二人の女の子に対し、女の子を真ん中の列にもってきて男の子をその両側に並ばせるとうまくいくことに気づいた。どの子の隣にどの子が来ると問題が起きるかを、いつも注意して見ておかなければならない。歌よりも、仲の良い友だちとのおしゃべりの方が好きという子もいる。

こどもたちには一週間ごとに順番がまわり、二人でそれぞれの週にうたう曲を選ぶ。ふつう、毎朝、三曲の歌がうたわれる。三つめの歌は先生か他の子が自発的に選ぶ。一週間のうち二日は『小賛美歌集』からドイツ語の歌が、あとの三日は英語の歌がうたわれる。英語の歌は、『好きな歌』、『みんなの歌』のような歌の本や歌曲集から選ばれる。歌曲集には、こどもの一人がリクエストした曲や先生が推薦した曲、こどもたちが黒板から書き写した曲も入っている。

学期初めであるこの日、歌の次は時間割にしたがって学科の勉強をする。いつも算数が午前中の最初の教科である。最初の日には多くの説明をせず、復習して、できるというイメージをこどもたちに獲得させる。

最高学年のこどもから始める

三年生から八年生に対して、算数の課題を黒板に書いておくと良い。そうすれば次の日の朝、どんな授業がおこなわれるかを生徒は理解できる。毎朝、教師は新しい課題をはり出す。

通常、算数の授業は一時間目で終わるが、最初の日だけは二時間目までくいこんでしまう。二時間目の残りの時間は、英語やつづり方などの授業にあてられる。最初の日、三年生から八年生には課題が出され、その次は二年生の番だ。彼らにはふつう、二年生用の練習帳が与えられる。これは一年生でやったことの復習から始まっている。

一年生に英語

最後が一年生である。まず先生は、こどもたちをクラスの前に呼び集め、年齢順に並ばせる。そして英語で彼らと話し、学校の生活についてガイダンスをおこなう。生徒がどうしても英語がわからない時だけ、ドイツ語（なまりのあるダッチ）を使う。最初の日に教師は、こどもたちがどれぐらい英語ができ、数字やアルファベットをどの程度知っているかを見極めるように努める。

通常、毎日一字ずつ、新しい文字を教える。まず母音をすべて教えてから子音に入り、すべてのアルファベットが理解できるようにする。こどもたちは、最初に活字体で文字の書き方を学ぶ。短い母音をまず学んでから、それが使われている単語を学ぶ。例えば、

Aはapple、Eはelephant、IならIndianなどのように。

英語でどうぞ!

英語、英語。これはことば。
学校で話すことば。
ドイツ語(ペンシルベニア・ダッチ)で話すなら、
きまりにそむくことになる。

家ではドイツ語がすてきなことば、
家族がみんな集まって。
でも、学校では英語を話す。
だから、みんな同じところにいるの。

毎日英語を使うと役に立つ
読んだり、書いたり。
さぁ！　英語を話そう！
やる気さえあれば、誰でもできる。
——エスター・ホルスト

教師はまた、一日に一つずつ数字を教える。次の詩は、こどもたちが数字の書き方をマスターするためのものである。

数字の書き方

ななめの線、1は楽しみ。
まるを書いて線路をもどる、2、2、2。
木の周りをぐるり、もう一回ぐるり、すると3。

下がって横へ、それからもう少し下がる。それが4。
5は下がってぐるり、てっぺんに旗。すると見えるでしょ。
大きな輪を下って、小さな輪をつくれば6。
空を横切り、天から下る、
そうすれば7になる。
Sを書いて、待つことなしに、
また登って戻れば、8になる。
一つの輪と一本の線で9。
1と0を書くのは簡単、
10は指の数ですよ。

学校が始まった最初の週は、午前中で授業が終わる。二週目、七年生と八年生は、昼で学校を終え、帰宅して農場を手伝う。

多くのオールド・オーダー・アーミッシュにとって、ドイツ語が母国語である。アーミッシュ学校の一年生は、読み、書き、算数だけでなく、新しい言葉である英語へのチャレンジに直面することになる。

5　両親のかかわり

学校が公立の一教室制だった頃、アーミッシュの親たちが、地元学校の運営に関わるということはなかった。教師は町に雇われていたし、教師の能力も、何ら問題視されていなかった。生徒は教師を尊敬し、したがうよう諭《さと》されていた。

アーミッシュの教師の数が増え、親たちも教育委員会のメンバーとして何学期間か奉仕するようになり、教師の雇用に責任が生じてくると、教師と親の関係はより直接的になった。親は、以前より学校運営に関心を示すようになり、自由に教師に助言をするようになった。（若く、経験の少ない教師は、親からのアドバイスを嬉しく感じることが多かった。しかし、いつもありがたく思っていたとは限らない。）

アーミッシュの学校は、家族と教会によって所有、管理されていることが多いので、親は学校に深く関与している。教育委員になったり、時々学校を訪問する。

現在、学校は、家族と教会の所有であり、両者が管理している。したがって親は、学校に深く関与している。例えば秋、学校が始まる一、二週間前に校舎を修理したり、掃除するのは親の責務だ。教師はその日程を決め、親に知らせる。母親たち、父親たち、両方が学校にやってきて、各々がきめられた場所を責任を持って清掃する。人々は、仕事が済むまで、一緒に働く。

好きなときの学校訪問

通常、親は、教師や子に事前に知らせることなく、学期中一、二回学校へやってくる。ある学校では、毎週来てくれるよう親に頼んでいる。親が頻繁に学校へやってくれば、自分たちの親が学校に十分に関与していることどもは感じるからである。

親は、順番に、学校へ大量の薪を持ってくる。薪は校舎のポーチに貯えられ、必要な時、教室の暖炉に運ばれる。学期の最初と最後に薪が燃やされる。とても寒い時期には、石炭が使われる。

夏の間、親は、毎週順番に、馬や子馬が引っ張るリール式の草刈り機で校庭の草を

アーミッシュの親たちは、学校の建物やグラウンドの手入れもおこなう。秋、学校が始まる1～2週間前に、校舎を修理し、掃除するのは親の仕事だ。

刈る。

父親の一人が世話人に選ばれる。教師は、校舎のなかで修理が必要な箇所を彼に伝える。塗装や大規模な修理が必要な場合には、多くの親が参加できる日を世話人が設定する。

もてなしの歌

学期中の適当な時、学校の歌の時間のために自分の家を開放しようという親もいる。学期に一、二回もたれるこの集まりには、こどもと両親全員が参加する。歌は、夕方七時くらいから始まる。長い机の一方に男子、向かい側に女子が座り、こどもたちはペアをつくる。年少の男子は年長の男子の隣に座る。女子も同様である。

この夕べの前に、教師と生徒は歌を選び、順番を決め、何度も練習する。彼らは、ドイツ語と英語の両方でうたう。生徒は順番に、曲を紹介し、会を進行する。一番小さなこどもでさえ、順番がくれば、時には年長の生徒に手伝ってもらいながら、紹介と進行をおこなう。親も歌の会に参加する。この会は一時間半ほど続く。小さい生徒がヘトヘトに疲れ、年長の生徒も落ち着かなくなってきたら、クッキー、ポップコーン、プリッツ*、そしてレモネードかアイスティーが出される。この後、親はこどもを集め、家路につく。

びっくりランチ

私（サラ・フィッシャー）が学校で教えていたとき、ある家族がすてきなプレゼントを計画してくれたことがあった。家で、生徒全員にあたたかい昼ごはんを用意してくれたのである。私は、生徒に、プレゼントがあるからその日はお弁当を持ってこないように言っておいた。昼時になったので、コートを着るよう生徒に言った。もてなしをしてくれる家まで、生徒を二人づつ並ばせて歩いていこうと思っていたのだ（その家のこどもでさえ、この日のことは知らなかった）。しかし窓の外を見ると、その家の父親が、二頭だてのワゴンに干し草でつくった席まで用意して、私たちを迎えに来てくれていた。私はとてもびっくりした。

　彼の家に着くと、あたたかいおいしそうな食べ物でいっぱいの長机が目に入った。食事の後、三〇分ほどこの農場で遊んだ。その後、父親が、ワゴンで私たちを学校へ乗せていってくれた。

　ある時は、母親とおばあさんがあたたかい昼食を学校へ届けてくれた。また、アイスクリーム*やお菓子を持ってきてくれたことさえある。

　両親は、学校のクリスマスと学期末のピクニックには必ず参加する。あるコミュニティに、八〇マイルほど離れた他の学区へ引っ越した一家があった。その年、親たちはバスをチャーターし、生徒全員と両親、さらにおじいさんやおばあさんたちを乗せ、この一家の農場まで旅をして、ピクニックを楽しんだ。食事の後、男の子と女の子のうち数人がハイキングに出かけた。小さなこどもたちはゲームをして遊び、親たちはあたりを見物した。このような場合、たいてい母親が計画を立て、手分けして食料を準備し運搬する。

6　学校の一日

冬の間、教師は、授業が始まる一時間前に学校に来るようにしている。ストーブに火を入れて、こどもたちが学校に着く頃には教室が暖まって、心地よいようにしておくのである。（ストーブの石炭や木をうまく燃やす技術をマスターすることは重要！）

こどもたちは、時々ポテトを持ってきてアルミホイルに包み、ストーブの上扉の中の棚に置いて焼く。前日の夕食の残りでありあわせの食事をつくってきて、それをパイ皿にのせ、あたためて昼ごはんにすることもある。またスープをガラスのジャーに入れ、暖炉の上に置いてあたためたりもする。サンドイッチやホットドッグ、ピザを持ってきて、ストーブであたためるこどもたちもいる。お昼近くになると、おいしそうな匂いが

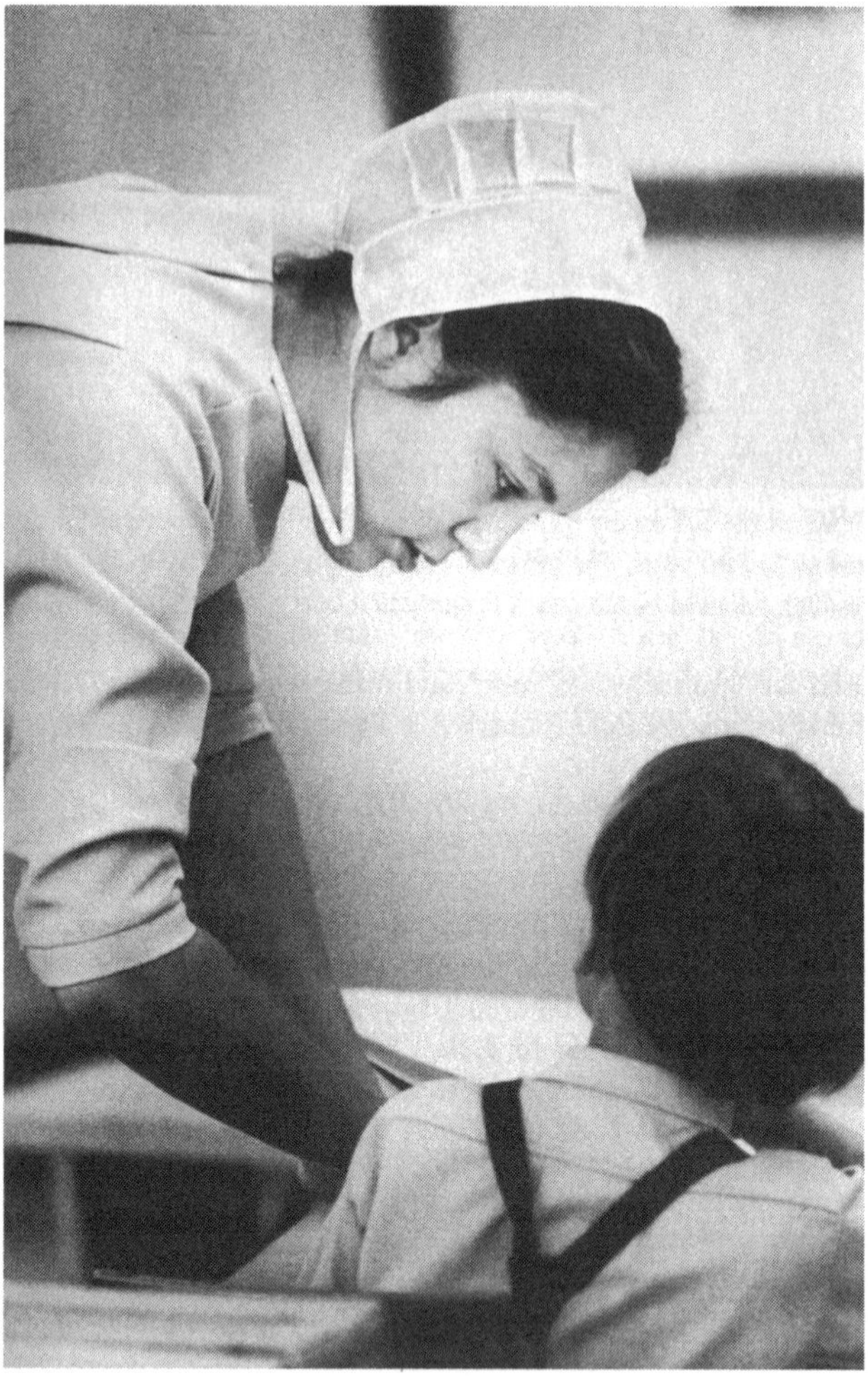

年長の生徒は、しばしば教師を助け、年少の児童の勉強を見てあげたり質問に答えたりする。

教室中に充満する。（加湿も兼ねて、ストーブの上にはいつもやかんがかけられている。）

ストーブをつけた後、教師はその日のスケジュールづくりにとりかかる。教室の前の黒板に、「今日は一九九□年一月二四日　月曜日」と書く。壁にはカレンダーが掛けられ、過ぎた日には赤ペンで斜線を入れ、今日の日付のところに赤でアンダーラインを引く。

次に教師は、黒板に算数の課題をはり出す。

一月二五日　火曜日
八年生　三七七ページ
七年生　一四八ページ
六年生　三七八ページの二三～四五

教師は、他の学年の課題も次々とはりだしていく。

その頃、「おはようございます」と明るい声を発しながら、こどもたちがやってくる。

こどもたちは、いろいろな報告をする。

「先生。オマールおじさんが、子馬の手押し車を持ってきてくれたよ！」

「先生。学校へ来る途中、コマドリを見つけた」

「先生。今朝起きたら床に雪が積もっていたよ」（地面を意味するboddaというペンシルベニア・ダッチは、「床」という言葉にも使われる。アーミッシュのこどもたちは、しばしばペンシルベニア・ダッチを英語に直訳するので、地面ではなく床と言ったのだ。）

始まりから終わりまでの決まりごと

八時三〇分になると、学校の校舎の上につるしてある鐘*が鳴らされる。こどもたちは教室に入り、自分の席に着く。教師は机上のベルを鳴らし、「静かに」と促す。そしてこどもたちのなかに欠席者がいないかどうかをチェックし、出席簿に記入する。それから「みなさん、おはようございます」と教師が言うと、「サラ先生、おはようございます」とこどもたちがこたえる。

次に教師は、旧約聖書か新約聖書から一節を選んで朗読する。その間、こどもたちは

校舎の鐘がなると、こどもたちは中に入り席に着く。学校の一日は、聖書の朗読とそれに続く主への祈り、そして短いグループ斉唱で始まる。

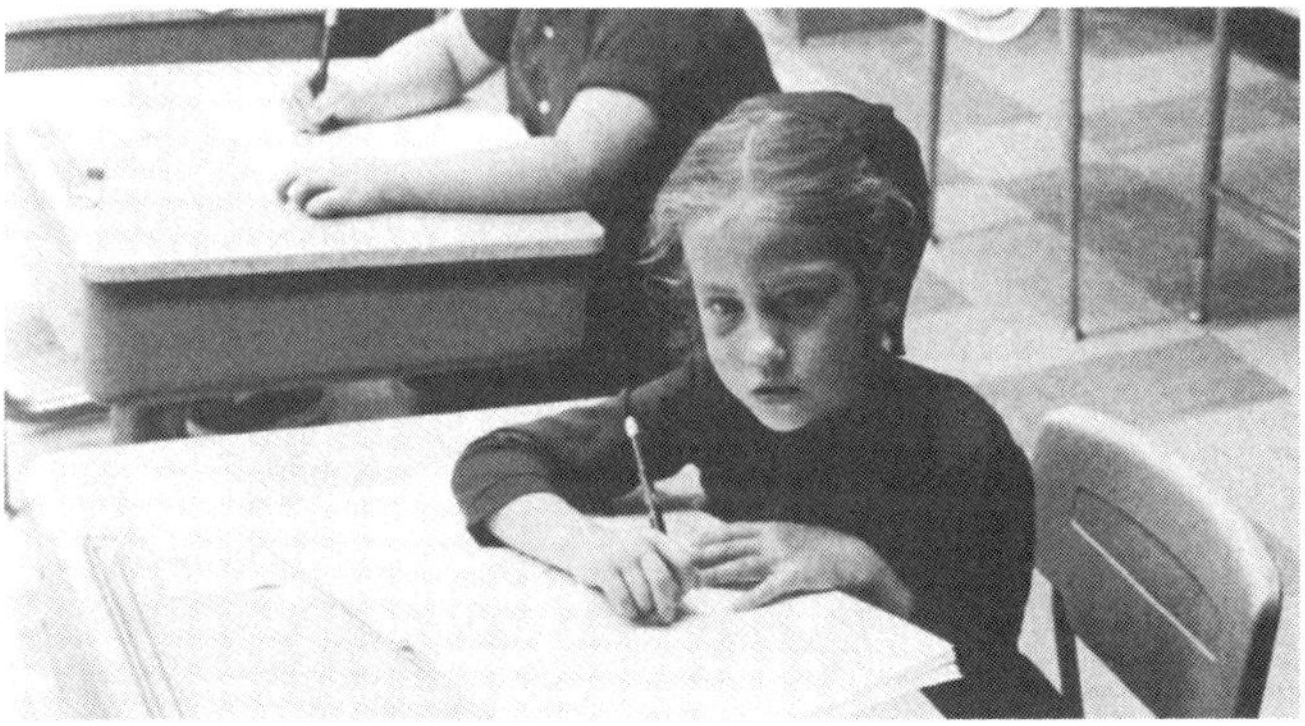

1年生は、読みがすんだら席に戻り、読みに対応したワークブックで勉強する。

手を机の上で組み、静かに座っている。それから彼らは立ち上がり、頭を垂れて主の祈りを斉唱する。祈りの後、一列縦隊で教室の前の方に進み、年齢と背の高さによって決められた場所に立ち、ドイツ語か英語で何曲かの歌をうたう。

こどもたちが自分の席に戻ると授業が始まる。五年生から八年生は算数の解答用紙を交換して、提出前にチェックしあう。三年生と四年生は解答用紙を提出し、上級の生徒か先生にチェックしてもらう。それから三年生から八年生までは次の授業に入り、黒板にはってある課題をする。二年生は読み《リーディング》の練習をし、一年生は読みの練習をするため教室の前方へ行く。

さあ、いよいよ一年生の読みの練習だ。一節ずつ読むかページごとに読むかは、教師次第である。その後、声を出して読んだのと同じ内容をワークブックで自習する。二年生の読み《リーディング》の授業も同じようにおこなわれる。席にすわったまま読みの課題を、自習として書き写すことも多い。この後、三年生から八年生には、順に算数の授業の説明がなされる。算数に当てられた時間内は、必要かつ十分なだけこどもたちのめんどうをみてやり、勉強の手助けをする。

休み時間の用事と楽しみ

一〇時になると休み時間だ。教師は授業中にしなくてもすむよう、生徒をトイレ*や水飲み*に行かせたり、鉛筆を削ったりさせる。この時間はもちろん、遊びにも使われる。

小さなこどもたちは「鬼ごっこ」（くまさん遊び）をする。一人が熊（鬼）になり、残りの子を捕まえる。捕まれば、他のすべての子が捕まるまで熊でいなければならない。

六年生と七年生の男の子は馬の自慢*をし、そのすばらしさを比べあう。

「もしアーミッシュじゃなくって、いつも自動車に乗らなければならないとしたらどんなだろう」「自動車はひどく臭いし、騒音がすごい」と大声でしゃべる。

八年生の女の子の一人が、生後一〇週間になる妹*の話をしている。「赤ちゃんほどかわいいものはないわ。でも、赤ん坊はあっという間に大きくなってしまう。妹に話しかけるといつも笑っているのよ。手足を使って笑うんだから。」

一〇時一五分になると、教師は鐘を鳴らす。そして机の上のベルを打って、静かにさせる。次の時間、三年生から八年生までは読みの授業になる。この間、一年生と二年生はワークブック二～三ページ分の算数を解く。三年生から八年生は読みの練習をし、読んだものの理解力を問う問題に答える準備をする。各学年は順に教室の前に出て、一列に並んで一人づつ読み、先生の質問に答える。多くの学校では、質問に正しく答えられた子が列の先頭に進み出る。次の授業を始める時、それぞれのこどもがどの位置にいるかを表せるよう、番号をつけるやり方がとられている。

たっぷりある昼の時間

一一時三〇分、昼ごはんの時間だ。先生はこどもたちを順に退出させる。こどもたちは手を洗い、お弁当箱を取りに行き席に戻る。次にお祈りを唱え、自分の席で昼食を食べる。遊びの時間を長くとろうとして、食事をわずか三分で掻きこんでしまう子がいるので、タイマーを一〇分間にセットしておく。食事が済んだら、こどもたちは机を拭き、食べこぼしをきれいにする。その後、こどもたちは一二時三〇分まで遊ぶことができる。

食事のあとは物語から始まる。ベルを鳴らした後、教師はタイマーを一五分間にセットする。こどもたちに物語を読んでやる時間である。席に着くのに時間がかかれば、そのぶん物語の時間が短くなるのをこどもたちはよく知っているので、いつも時間は守られる。

午後の授業は、地理、歴史あるいは保健から始まる。五年生から八年生は、黒板に書かれた問題を自分のノートに写しとり、決められたページから答えを探す。そして答えを書き取り、授業では暗記して答えることができるように勉強する。一年生と二年生は再度読みである。授業形式か、ワークブックを用いた自習形式のいずれかで勉強する。

二時から二時一五分までが最後の休み時間だ。最終の授業時間は週のうち二日が英語、あとの三日はつづりである。英語にはワークブックを使うが、授業では白紙を使う。こうすればもっとたくさん勉強ができるし、ワークブックを何年間も使うことができるからだ。英語の授業では、文法、単語の的確な使い方、話法、文章の組み立てなどを勉強する。

毎週、つづり方の最初の日は、単語の意味を示す文章を書くことに費やされる。次の日は、声に出してつづりの勉強をする。新しい単語を声を出しながら五回ずつ書き、つづりを覚える。同時に教科書に載っている「単語を使う」授業がおこなわれる。つづり方は、毎週、テストで締めくくられる。教師が単語を発音し、こどもたちはその単語を

休み時間と昼が遊びの時間だ。遊びの時間を長く得ようとして、こどもたちが3分でごはんを掻きこんでしまわないように、教師はタイマーをセットすることが多い。

カッコ内に書く。そしてノートを交換し、互いに答えをチェックする。教師はノートを採点し、一〇〇点をとった生徒にシールを与える。

学校は三時半に終わり、学年ごとに上着とお弁当箱を取りに行き席に戻る。支度ができたら、教師は机の上のベルを鳴らす。全員が起立し、整列して外に出る。

休み時間の屋内活動

寒い冬の日、こどもたちはダーツ盤で遊ぶ。ダーツ盤では、ラウンドクロック*やスティンガーの遊びができる。ダーツの順番を待っている間に、チェスやスコアフォー*、ソリー*やウノの準備をする。ダーツは二、三日かかるし、最終ラウンドでは二人に絞られる。

小さなゴムボールときれいなミルクの空缶三個があれば、ジャック・イン・ザ・ボックスができる。こどもたちは二クォート、一クォート、一パイント*の容器を持ってくる。天を切り取った缶を三個、一列に並べる。各々は三フィート離れた印のところに立ち、ボールを投げ、容器にボールを入れる。

一番大きな容器に入れば一五点、中ぐらいの容器は三〇点、そして一番小さいのに入れば五〇点だ。順番が回ってきたら一回投げ、投げ終わったら列の最後に並び、次の順番を待つ。二五〇点を先に取った者が勝ちとなる。

こどもたちは、グループごとに異なったゲームをする。しかし、時には教師も参加して、全員が一緒に楽しむ。

7　図書と教材

アーミッシュ学校の発展に伴って、コミュニティに受け入れられるような本、参考書、教師用ガイドブック、*そしてカリキュラムが必要になってきた。一般の学校のカリキュラムの多くは、彼らの信念に反する進化論、科学技術、性教育などを扱っているからである。

一九四八年、健全な教材を見いだすことを目的として、オールド・オーダー・ブック協会が設立された。この協会は、他の学校で不用となった古い教材を譲り受けることからスタートした。ペンシルベニア州に住む一人のオールド・オーダー・アーミッシュが、「保健」と「つづり字」の教科書の印刷版を購入した。そして、ついに八年全体のカリキュラムを作り上げた。彼が買い取った版権は、ストレイヤー・アポン・スリーブックス・シリーズの『実用数学』とジン・シリーズの『つづり方』、スコット＝フォレスマンの『国語』（一～四年用）、シルバー＝バーデットの『地理』シリーズ、レイドロウ・ブラザーズの『歴史』シリーズ、そして読み物シリーズ『ディック・アンド・ジェーン』である。

独自のカリキュラム開発

昔の教材には、時代遅れの面がしばしばみられるようになってきた。例えば算数の教科書では、時給が七五セント、卵一ダースが二〇セントとなっていた。また、歴史の教科書が第二次世界大戦で終わっていたりした。そこでパスウェイ出版社（オールド・オーダー・アーミッシュ出版会）は、近年、独自に教科書出版*を手がけ始めた。『ワールド・ブック・エンサイクロペディア』は、アーミッシュの学校で使われている典型的な参考図書である。しかしペンシルベニア州での最近の研集会において、学校のこどもたちのために、自分で新品の『ワールド・ブック』セットを購入した一人の教

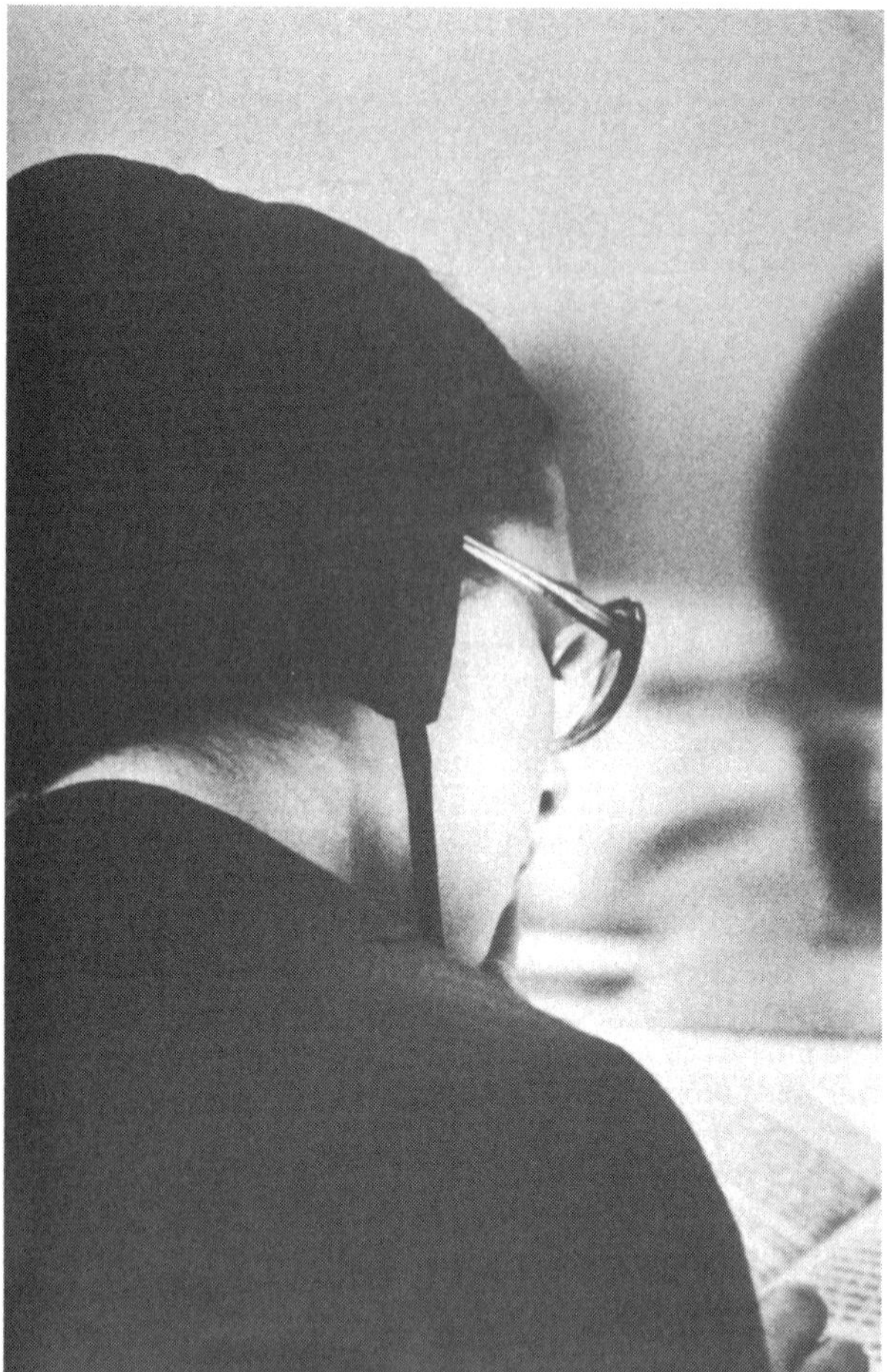

アーミッシュ学校の教科書は、道徳的にみて健全なものに限られており、神については教えない。神についての教育は神聖であり、家と教会がその任にあたる。

師がなかに収められた写真に懸念を表明した。多くの写真が親や教師にとって不快なものであったので、何人かの親は問題となる写真のページを切り取ることを提案した。高価な参考図書を無駄にしないために、学校当局と教師は協議し、問題となる写真を黒いフェルトでおおうことにした。

アーミッシュの教科書の内容は、道徳的に健全なもの、そして神について教えていないもの（神は神聖であり、学校ではなく家庭や教会で教えるべきと考えられている）に限られている。けれどもアーミッシュのこどもたちは、通常、幅広い読みものを利用することができる。こどもたちに人気があるのは、シュピーリの『ハイジ』、オルコットの『若草物語』、ローラ・インガルス・ワイルダーの本などである。しかし、おとぎ話やC・S・ルイスの『ナルニア国物語』などの神話*はふつう使われない。

入手可能な教師向け教材

ほとんどのアーミッシュの学校では、本棚や本箱が置かれている。参考図書が入れてあり、こどもたちは課題を終えてしまった後、朗読や先生とのお話の順番がまわってくるのを待つ間、本を楽しむことができるのである。

パスウェイ出版社は、教師のための月刊誌『ブラックボード・ブルテン』の発刊を二七年前に始めた。これは当初、六人の先生のサークル・レターとして始まったのだが、毎号教え方のコツ、そして難しい問題や規律をどのようにして扱えばよいかについてアドバイスを掲載している。

最近の号では、「みんなの意見」のコーナーにおいて、ある教師が次のような質問をしている。「もしあなたの農場の前に車が止まって、アーミッシュの家や納屋を見せてほしいといわれたらどうしますか？　多分あなたは見せるでしょう。しかし、もしこれが二日に一回ならどうします？　今のところ個人の家でこのような問題は起こっていませんが、アーミッシュ学校はそうではないのです。」

この質問に対して、九人の教師が以下のようなコメントをよせている。

「ほとんどの場合、観光客は私には迷惑です。けれどももし私自身が楽しみで旅行をしていたとしたら、私もゆっくりと旅をしてたくさん質問をしたいと思うのです。こどもたちの写真*を撮られるのは嫌なので、立ち去るように言ったり、身振りで示します。

ペンシルベニア州ランカスター郡のオールド・オーダー・ブック協会は、一般の学校では使用されなくなった古い教科書を印刷している。アーミッシュは、これらの教科書は健全であると考えている。カナダ・オンタリオ州アイルマーのオールド・オーダー出版社パスウェイ社は、特に、アーミッシュ学校向けの教科書を出版している。

そのまま立ち去る人もいますが、写真を撮らなくてはどうしても気が済まない人もいます。私は、こどもたちが「写真はダメ」と叫ぶのを許していないし、しかめっつらをしたり車が止まったときにフェンスまで駆け寄ることも禁止*しています。けれども小さなこどもにとって、知らんぷりをして、ただ遊び続けるのはなかなか難しいように思います。」「旅行者とアーミッシュの学校とは、うまくやっていけないと思います。アーミッシュは今日、外の世界から強い感化を受けています。学校に旅行者を招き入れれば、このような事態を助長することになると思うからです。」

「一人か二人が立ち止まって教室を見たい*ということは、今までにもたびたびありました。授業が終わっている場合には、教室を見て回るのを許可しました。彼らに対して、非礼であったり、不作法であるべきではないと思うのです。それは、我々の目的とするところに反します。」

8　アーミッシュの少女の日記より

三月五日（水）

日記さん、びっくりするニュースがあるわよ。私たちの地域に教区学校を作るための会合が今晩近くの家であるの。お父さんやお母さんは、たくさんの世俗的なものの影響をうけてしまう地元の公立学校に、お兄さんとお姉さん、私が通っていることをずっと心配していたの。テレビや映画、スクエアダンスから女の子らしくない体操を教える体育の時間。理科では進化論を教えるわ。お父さんやお母さんは、私たちが習ってくるばかげた歌や家に持ち帰るたくさんの宿題にうんざりしている。しかもたくさんの宿題を終えたら、家事*をする時間は残っていない。公立小学校には、こどもたちに触れてほしくないと両親が思っているものがいっぱいある。私たちの夢だったアーミッシュの学校が本当にできるなんて思ってもみなかった。

四月三日（木）

とうとう学校を作る話が実現する。もっとワクワクするのは、家の道路の向かいにある私たちの牧草地に学校を作ることになったこと。一教室制の学校に通うなんて本当に夢みたい。それも、私たちの土地に建てられるなんて。今、大人たちは、学校の役員を選挙で決めているところ。校長、秘書、会計、そして集金係。お父さんは会計に選ばれたので、出納簿を記録することになる。近くのアーミッシュの家庭からお金を集めるの。生徒のいる家は、生徒一人につき、もっと多くのお金を払う。お父さんは給料はもらわない。お母さんももちろん給料はなし。他のお母さんたちといっしょに、学校の教科書や必需品を調達するのよ。

五月五日（月）

測量士がやってきて、校庭の境界に印をつけた。基礎が掘られ、コンクリートのブロックがどんどん積まれていく。時間のある人はみんな手伝いに来ている。学校から帰って、どれくらい進んでいるかを見るのがとても待ちどおしい。

六月六日（金）

さあ、今年でもう今の学校は終わり。新しい学校が本当に待ちどおしい。けれど、もうスクールバスに乗ったり、公立学校へ行くことはないと思うと不思議な気がする。校舎の建設は、とても早く進んでいる。樽木を組む人たちがやってきて、屋根ができつつある。先生を探している。

七月一九日（土）

向かいの建物は、どんどん校舎らしくなってきた。窓やドアがついたわ。お父さんは、内装の漆喰塗りでてんてこまい。先生が決まった。中年の非アーミッシュの女性よ。普通はアーミッシュの先生なんだけれど、適当な人がいなかったから。でも教育熱心なクリスチャンの人だとわかって、みんなとても嬉しい。彼女は、最近教師をやめたばかりなの。私は、きっとその先生を好きになると思う。

八月一日（金）

校庭の周りにめぐらされた長いフェンスのペンキ塗りを、近所の女の子と手伝った。一緒に働き、ペンキを塗りながらのおしゃべりはとっても楽しい。新しい学校を作るのは大変。けれどみんなで協力して自分の役割を果たせば、ゆっくりだけど、きっとできあがるわ。男の人は長さを測ったり、金槌やのこぎりで打ったり切ったりといそがしい。女の人もみがいたり、ペンキやニスを塗ったりして、かいがいしく働いている。私たちは、自分たちのできることなら何でもするわ。校庭の石を拾ったり、フェンスを塗ったり。忙しいけれど、なんてワクワクする夏なんでしょう。

九月二日（火）

今日は決して忘れられない日。私たちのピカピカの学校が、本当の学校として扉を開けた日。何とか間にあって完成した。見るもの、匂うもの、すべてがとってもきれいで新しい。公立学校とはまったく違う。なぜって、みんなを知っているし（みんな近所の子だから）、一つの教室に全部の学年がいるから。私たちの学校には、一年生から八年生まで合わせて四〇人の生徒がいる。私の学年は、五人の女の子と一人の男の子。他の学年が授業をしている間、自分の勉強に集中するのはちょっと難しい時もある。特にかわいい一年生の授業といったら！　だけどすぐになれると思う。

一〇月二日（木）

もうこれで新しい学校に一か月も通ったなんて信じられない。すべての変化になれるのにどれ程もかからなかった。公立学校に戻りたいとは全く思わない。この学校は、うちとけた大きな家族みたい。今では他の学年が授業をしていても、自分の授業にだいぶ集中することができるようになった。でも、これは、先生が、それぞれの学年の生徒にやることをいつも与えていてくれるからだわ。（毎日礼拝があって、歌をうたう。全員が教室の前に立つのよ。）先生は時間割をはりだしたわ。金曜日以外は毎日、算数とつづり方と発音の授業がある。月曜日と火曜日は歴史か地理。水曜日の午後はドイツ語。（私たちの先生はアーミッシュではないから、他の人が教えにやってくる。）木曜日は読《リーディング》み、金曜日は保健と美術、そしてつづり字競技とかゲームなどの特別活動がある。

一一月五日（水）

ここ数日のように、先生が忙しいときは授業が本当に楽しい。それにとてもよい教育経験もできるわ。一教室制は、ほかにもいろいろなメリットがある。公立学校で使ったような教材はないけれども。（百科事典、小さな書庫、壁掛け式の地図*などはある。）一つ気がついたことがあるわ。年少の子は、上級生の授業を聞くことで、たくさん学ぶことができるの。だって、まだオチビさんの私の弟でさえ、時々、私たちの読んでいるものや話しあっていることについて質問をしてきたりするんだから。また、私たち上級生も小さい兄弟が問題にぶつかったり、けがをしたときに助けてあげられる。昨日も私の弟、あのオチビさんがころんでひざっこぞうを擦りむいたので、手当をしてあげた。今晩、学校の月例役員会が私の家で開かれた。これは輪番制。教科書やいろいろな問題について話し合い、先生もそこで特別に頼みごとをすることができる。

一二月一日（月）

私たちは、教室の正面のかどに置いてある大きな石炭ストーブの使い方と教室の暖め方を学んでいる。だけど、今朝はなぜか火が消えてしまい、教室はとても寒かった。調子の良くないストーブが燃えさかるまで、午前中ずっとコートをはおっていた。先生は小さな子たちの手が冷たいのに気がついて、こどもたちをストーブの周りに座らせた。（まるでお母さん鶏の周りに集まっているひよこみたい！）そこで数字を数えたり、アルファベットの練習をした。ストーブが調子よく燃え、太陽の光も差し込んできたので、昼過ぎにはもう融けそうなくらい暑くなった。男の子は変わりばんこに石炭を運び、灰を取り除き、校舎のそうじやモップ掛けを手伝う。私たち女子はほこりを払い、植物に水をやるのがいつもの仕事。自分たちで学校の掃除をするのは、最初変な感じだったけれど、一緒に仕事するのを学ぶよい機会だと思う。

私たちは、クリスマスの催しが待ちどおしくて、とてもワクワクしている。今、歌の練習をしたり、詩や演劇や寸劇の練習をしている。全部のプログラムが終わったら、クリスマスパーティとなり、名前札を引いてプレゼントを交換する。自分の名前を引くのが誰かを想像すると、とてもドキドキする。

一月二日（金）

さあ、新年の始まりだ。クリスマスはもう終わった。一年後までもうない。今日、クリスマスの飾り付けをすべて取り外した。クリスマス会でカーテンとして使ったドレープもかたづけた。みんなの両親がそろって参加して、クリスマス会を楽しんだわ。会の後で、プレゼントを交換し飲み物を飲んだ。

男の子のなかにはそりを持ってきていた子もいて、雪のそり遊びを楽しんだ。キツネとガチョウの遊び*もした。もちろん、雪合戦も！

二月一三日（金）

バレンタイン・プレゼントの交換をした。もちろんもパーティもあった。各自がお弁当を持ってくるようにいわれていた。それから名前札を引いて、お弁当を交換した。私は、レースとハートで飾り付けした弁当を持ってきた。（男の子の名前を引かなかったので、少しほっとした。）上げ底だったり、鳥の餌箱をまねて作った弁当もあった。

まだ時々雪が降ったし、先生が来られないときは、親の誰かがかわりにやってきた。ある日、お父さんが先生としてやってきて、とてもおかしかった！

三月三日（火）

外で遊べなくても、室内ですることはいっぱいある。モノポリー、ソリーなどのゲームで遊べる。病気がちの人のためにスクラップブックを作ったり、自分たちで始めたプロジェクトもできる。缶詰の取っ手やふた、そしてフェルトの詰め物を使って針山を作ったこともある。ある日の午後、あまり寒くなかったので、私は坂をのぼって知り合いのおばあさんの家まで行き歌をうたってあげた。とても楽しかったわ。今日は、『ローブ』という本についての読書レポートを書いた。

四月二七日（月）

今日、学校の遠足があって、隣の学校を訪ねた。そこの子たちが私たちに歌をうたってくれた。それから授業をいくつかみせてもらった。そして野球の親善試合をやった。外は暖かかったので野球をしたのだ。また別の暖かな日には、近くの森にハイキングに行って、いつもとはちょっと違う自然観察の勉強をした。みんな思いっきり楽しんだ。

五月二二日（金）

もう一年がすぎてしまったなんて信じられない。今日は最後の登校日。学校には数時間いて通信簿をもらい、みんなが連れてきたペットと遊んだ。色々な動物がいた。ポニー、犬、子猫、それにウサギまで。

きのう、学校でピクニックがあった。すばらしい天気で、たくさんの人が来ていた。両親、弟や妹。みんな何か食べ物を持ってきた。昼食の後、先生と校長先生がお話をした。そして私たち八年生は前に並び、卒業の贈り物をもらった。自分の名前と日付、学校名が書いてあるプレートだった。その後で、生徒とお父さんたちは対抗野球試合をした。見ていてとてもおもしろかった。お父さんたちの捕球は少しあぶなっかしかったけれど、打者としてはすばらしかった。ゲームに勝ちそうな勢いだった。

今、こうして学校を終えるなんて嘘みたい。この後も職業学校には通う。一四歳になるまで一週間に半日通うことになる。

学校が恋しい。でも教区学校に通えて、とても嬉しく思っている。

——アーミッシュ学校の少女（匿名）の日記より許可を得て抜粋

9　学校の運営方法

アーミッシュの学校の管理と運営は、教育委員会*がおこなっている。その任務は、教師の雇用、必要な物品の調達、学校税の徴収、そして親や教師の相談にのることである。各学校に三人の委員からなる教育委員会がおかれた教区もあれば、五人の教育委員が二、三の学校をかけもちしている所もある。

ランカスター郡では、教育委員会は五人構成である。構成員は、委員長、秘書、会計、二人の税金徴収員である。委員が三人のところでは、会計が税金を集めている。教育委員会の人数にもよるが、委員の任期は大体三年か五年である（女性は委員にはならない*）。委員の任期をずらしてあるので、毎年、新しいメンバーが選ばれる。

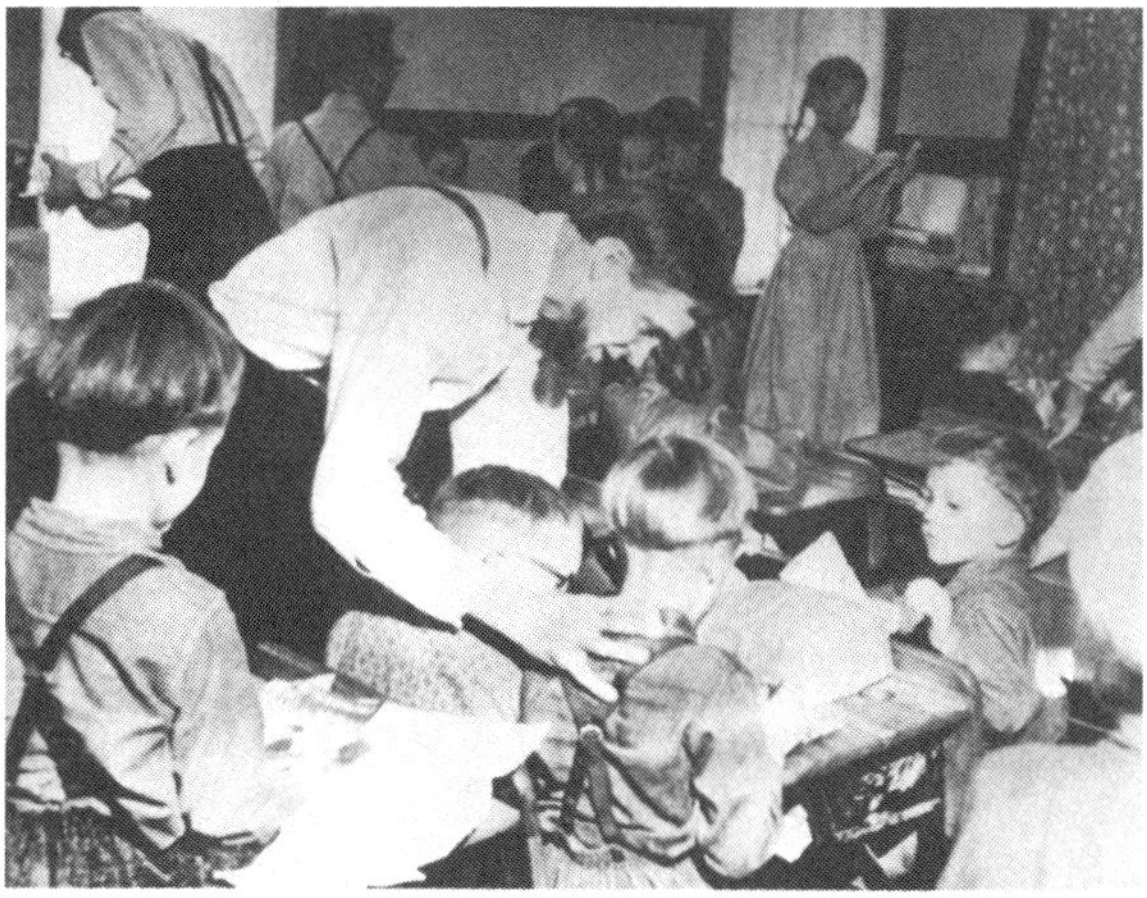

アーミッシュの学校は、3～5人の教育委員によって運営されている（女性は委員にならない)。教育委員会が、教師を雇用し、必要な物品を調達し学校税を徴収する。また、親や教師の相談にものる。

教育委員会の委員は、年次総会の時、その教区の生徒の親によって推薦された人のなかから選ばれる。

毎月一回、教育委員会の例会がもたれ、委員と教師が参加する。教師はこの時に月給を受け取る。私（サラ・フィッシャー）が教えていた教区では、毎月第一月曜日に、教育委員会が担当している三つの学校のうちの一つで会合がもたれた。会場となる学校の授業は二時までに終るので、委員や他の二つの学校の教師たちは、早めに会場校へやってきた。授業が終わる前に、こどもたちが彼らに歌を二、三曲うたうのが常であった。教区によっては、例会が、委員や親の家でもたれることもある。その場合、委員や教師のほかに親も参加する。

委員会でなされること

教育委員会は、実務的な仕事をこなす。教師は委員会に、必要な物品を申し出る。また、問題があれば、どんなことでもすべて委員会に提出される。

教師の給料は、教区ごとに決められている。教師が両親と一緒に住んでいない場合は、

毎月一回、教育委員会が開催され、委員と教師が参加する。この例会は、学校、あるいは委員や親の家で開かれる。

交通費、部屋代、食費などが必要に応じて支払われる。

学校税は、アーミッシュの学校に通うすべてのこどもたちの親、教会メンバー、そして土地の所有者から徴収される。税額の一部は、州の不動産の査定に基づいて決められている。建築費や障害児教育の費用は、必要に応じて徴収したり、寄付を集めたりして捻出される。

ある小さなアーミッシュ・コミュニティには、三つの学校しかない。そこでは、運営資金を寄付金で賄っている。授業料や学校税はない。学校の経費が親に知らされるので、一家庭当たりどれぐらい支払えばよいのかが分かる。しかし、各家庭は自分たちが出せるだけの額を支払うのである。

教育委員会は、学校運営にかかる費用を捻出するために、学校に通うこどもたちの親や土地を所有している教会メンバーから学校税を徴収する。勤労奉仕が、その費用の一部に含まれることも多い。

10 教師の研修会

アーミッシュの学校教師は、そのほとんどが若い独身女性*である。既婚男性が教鞭をとることもあるが、女性は結婚してしばらくするとこどもを出産するので、既婚女性が教師になることはまれである。

ほとんどのアーミッシュの学校は、アーミッシュ宗派の人を教師に雇っている。ペンシルベニア州では、保守派のメノナイト*の教師を雇っている学校もいくつかある。オールド・オーダー・アーミッシュとオールド・オーダー・メノナイトが共同で、これらの学校を運営しているからである。カンザス州では、アーミッシュも地方の一教室制の公立学校に通っている。その場合、州が教師を雇っているので、教師は通常非アーミッシ

教師の多くは、若い独身女性である。既婚男性が教鞭をとることもある。しかし、女性は結婚してしばらくするとこどもを出産するので、既婚女性が教師になることはほとんどない。

アーミッシュは、「本からの知識」よりも実践的な学習を重視している。このため、教師には正式な訓練や8年以上の教育は必要ないと考えている。

ュである。けれども彼らは、アーミッシュの生活に理解を示している。大学卒の非アーミッシュ教師は、ほとんどの場合、アーミッシュの学校には就職しない。公立学校に匹敵する額の給料が得られないからだ。一方、アーミッシュの教師にとって、教えるということは、愛と献身の仕事であり、神聖な奉仕である。お金は二次的なものにすぎない。

教師の教育

過去に、多くの州政府が、アーミッシュの学校の教師も学位（大学卒[*]）を持つべきだと主張した。その学位が小学校教育であるか、コンピュータ技術であるか、海洋生態学であるかを特定はしなかったが。アーミッシュ・コミュニティは、教師を八年生以上の高等教育機関[*]に送り出すことに強く反対してきた。教師がそのような環境にさらされるのは、危険だと考えているのである。さらに「本からの知識」よりも、実践的学習を重視しているからだ。教師のなかには大学の通信教育を始める人もいるが、私（サラ・フィッシャー）の知る限りでは、教会のリーダー[*]と話し合った後に皆受講を取り消した。

アーミッシュ・コミュニティは、新任の教師を支え、教育するためのネットワークをつくりあげている。ペンシルベニア州では、一年の学年暦のうち五回教師が集まって、特別の集会がもたれる。それは新任教師を助け、はげまし、勇気づける場である。経験豊かな四人の年配教師が世話役となり、このような集まりを計画する。集会の日には授業を早めに切り上げ、ペンシルベニア州全域から、運転手を雇って[*]、多数の教師がバンや車で当番校へ集まるのである。

質問と模範授業で午後は予定がいっぱい

一二〇人にも達する教師たちで学校は満員となる。彼らはベンチや生徒の椅子に座る。経験が少ない新任教師は、教室の真ん中においてある机の周りに座ることができる。

集会は、二時三〇分、歌と祈りとともに始まる。学校の印刷機で刷られたプログラムには、新しい歌や詩、つづりと算数のテストが印刷されている。熟練の教師がかわるがわる黒板に向かい、掛け算の方法、こどもたちを引き付けておくコツ、新しいドイツ語の単語の教え方などを説明する。新任教師には、ここで初めて問題点を話す機会が順に与えられる。前任の教師、両親、学校委員会のメンバーも集会に参加する。

お弁当（サンドイッチ）で軽い夕食を済ませた後、質疑応答の時間がやってくる。すべての教師は無記名で自分が抱えている問題を紙に書き、箱が部屋を巡回してきたら、それに入れる。熟練の年配教師と数人の世話役が大きな声で質問を読み上げ、自身の知識をもとにそれぞれの質問に答える。規律に関する問題、居眠りをやめさせて集中させる方法、教材の入手法などが典型的な質問である。あたっている教師が答え終わると、質問は皆に向けられる。参加した人は誰でも質問に答えてよい。質問を書いた教師が名

アーミッシュの教師は、報酬を目的としているのではない。教えることは、聖なる仕事、つまりこどもたちへの愛と献身であると考えている。

乗り出て、問題点をはっきりさせることがよくある。しかし名乗らないこともある。質問には、推論や心理学的訓練からではなく、経験に基づいて回答がなされる。もう一度、歌と祈りを捧げた後、八時頃、集会は終わる。

アーミッシュの雑誌——教師のための公開座談会

『ブラックボード・ブルテン』誌は、主にアーミッシュの教師のための月刊誌であり、教師から寄せられた質問にかなりの紙面をさいている。またそれに対する回答が投稿され、定期的に誌面に載るので、教師は問題を打ち明け知恵を共有することができる。

以下は、コラム「手紙」に投稿された提案・回答の一つである。

「私たちアーミッシュが抱えている問題は、英単語の発音を知ることにあると私はいつも思っています。英単語の多くは、スペルと異なった発音をします。また、どこにアクセントがあるのかを知ることもむずかしい。この問題が生じるのは、私たちにとって外の社会との接点の多くが、ラジオやテレビ*ではなく読《リーディング》みであることに原因の一端があります。私たちは、正確に発音された単語を聞くことがないのです。正確に単語を発音しないアーミッシュの教師が、こどもたちに、どうして英語がうまくなることを期待できるでしょうか。発音する前に、いちいち全部の単語を辞書で調べる時間がある人なんて、ほとんどいませんよ。」

「間違った発音で、何年もしゃべり続け、しかもそのことに気がつかなかった自分に当惑したことが何度もあります。もちろんそれは、この世の終わりと言うほどひどいことではありません。しかし、discipline（しつけ）といった比較的一般的な単語でさえ、

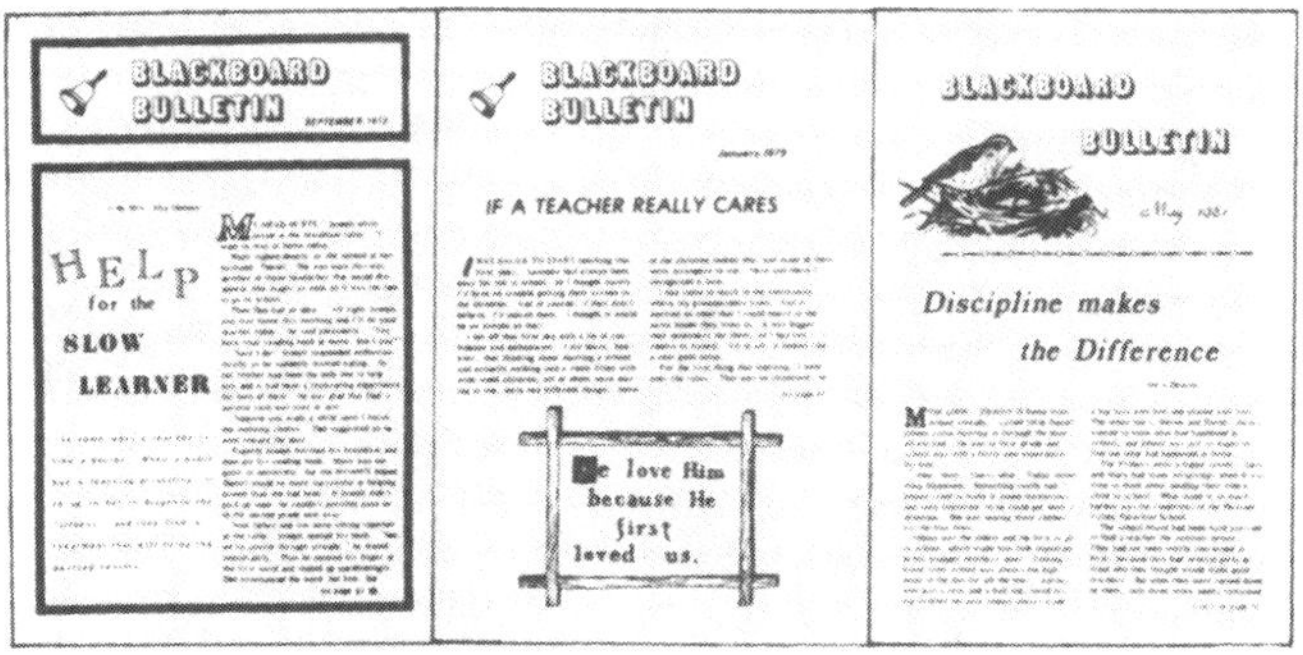

教師向けの月刊誌『ブラックボード・ブルテン』は、教育上の問題とその扱い方、そしてしつけに対するヒントを載せている。教師からの質問を定期的に掲載しており、回答も歓迎している。

どう発音すればよいか分からないのでは、アーミッシュの学校教育がすばらしいレベルにあると印象づけることはできません。」

「アーミッシュが発音をよく間違える英単語のリストを誰かが作ってくれて、正しいアクセントと発音の仕方を書いてくれれば、ずいぶん助かると思います。また、教師でも誰でもよいから、自分たちが間違えていた単語や、他の人が間違えて発音していた単語のリストを『ブラックボード・ブルテン』に送ってください、という案内を、この雑誌が載せてくれたらと思います。そうすれば、どのコミュニティにも役立つリストができることでしょう。」

まだ勉強中の教師（オンタリオ州）より。

（『ブラックボード・ブルテン』誌編集部より――そのようなリストは、とても役に立つと思います。読者のみなさんが、自分にとって難しかった単語や、今でも難しいと感じている単語を送ってくださると助かります。三つでも、三ダースでも結構です。皆さんからのお便りをお待ちしています。）

11　成績のつけかた

ペンシルベニア州ランカスター郡のアーミッシュの学校では、通知表が使われている。通知表の成績は、パーセントか文字で記入される。文字とパーセントは次のような関係にある。一〇〇％がＡプラス、九三～九九％はＡ、八六～九二％はＢ、七七～八五％はＣ、七〇～七六％はＤ、六九％以下はＦである。七〇％が合格ラインである。

算数、英語、つづり方の成績はパーセントであらわされる。可能な場合には毎日の点数が記録され、その平均点が通知表に記入される。保健、歴史、地理は、テストによって成績がつけられる。読み《リーディング》、ドイツ語、つづりは、でき具合と適切さで評価する。

学校によっては、態度・おこないを評価するのに、点数を用いている所もある。良い

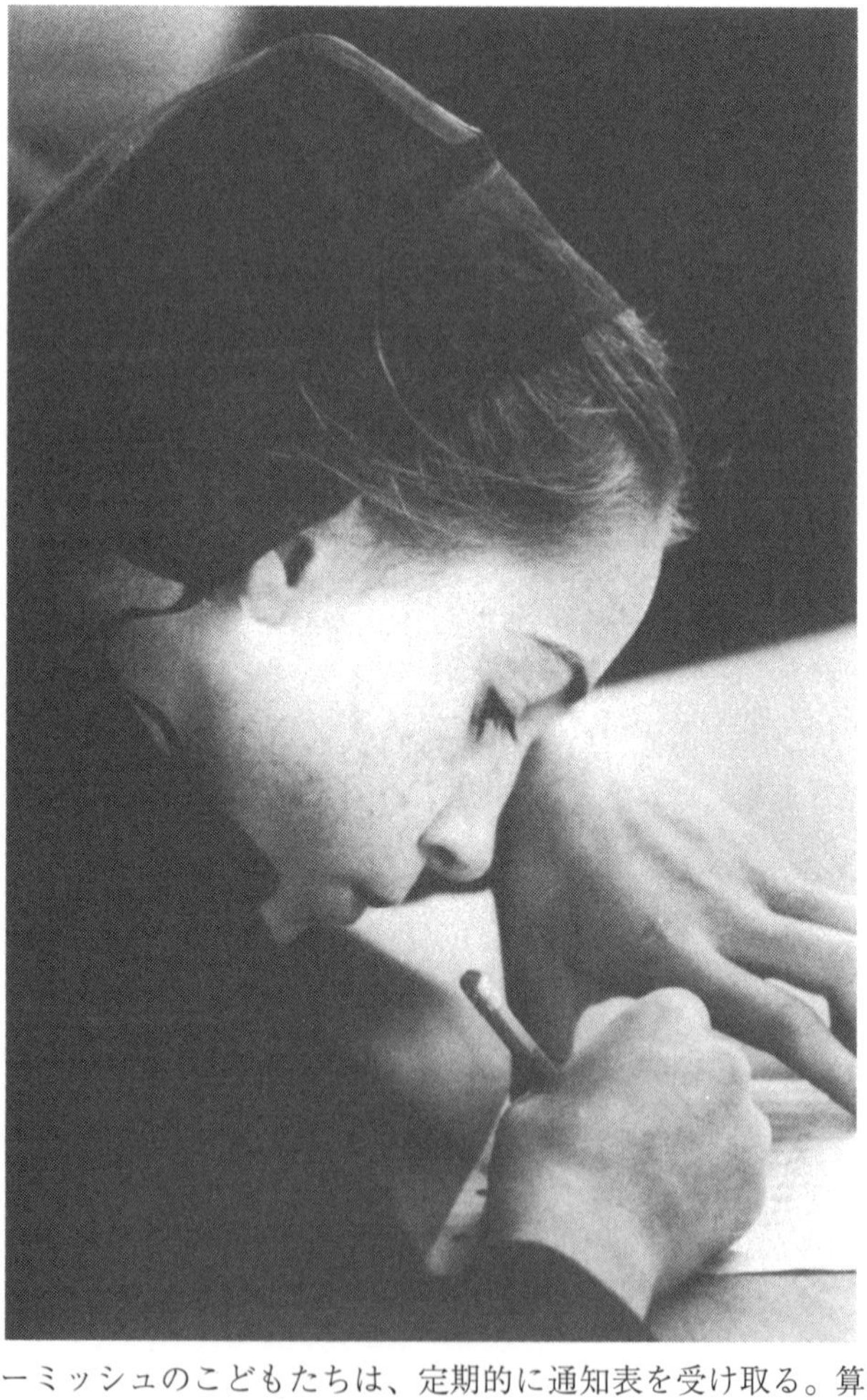

アーミッシュのこどもたちは、定期的に通知表を受け取る。算数や地理のような教科には、点数がつけられる。おこないや態度も評価される。

おこないをしたならば点数が足され、悪いと引かれる。通知表の欄には点数に対応した文字が書かれ、成績をあらわす。

品行に関して、通知表は細かく分かれている。評価が低い場合、教師は適切な項目をチェックし、その理由を示すことができるようになっている。たとえば「私語が多い」、「いたずらしがち」、「人の邪魔をする」などである。通知表は、アーミッシュの出版社（ペンシルベニア州ランカスター郡）とロッド・アンド・スタッフ社（ケンタッキー州クロケット）の両出版社から発行されている。各学期（六週間）が終わると、通知表がつけられ家に送られるので、親はそれにサインをする。学校の一タームは授業日数一八〇日であり、六学期から成っている。

やる気を起こさせるグラフ

通知表のほかに、教室の壁にグラフをはり出す教師もいる。こどもたちがほうびをめざして、やる気をおこすようにするためである。低学年の生徒には、点数を得るごとに、ウサギが一歩前に動くようになっている。得点の合計がある数に達すると、生徒の名前がかかれた星がグラフに付けられる。高学年では、点を得るごとに、時計の針を進める。時計の針が十二時をさすと、グラフにシールがはられる。あるいは、別のほうびが与えられる。

こどもたちにがんばって勉強するよう、達成度を示すグラフをはり出す教師もいる。良い成績や作品を展示するスペースを特別に作って、校内の全員が見えるようにしたりもする。

12　特別な日と休日

アーミッシュの学校には祝日[*]がほとんどない。必要な授業日数を十分とるかわりに、夏休み[*]が長い。休みの間、こどもたちは、種まきや収穫など農作業の手助けをする。

ただし、催しものの機会はいくつかある。最近、ほとんどのアーミッシュの学校では、両親、親戚、友人を呼んでクリスマス会をもち始めた。教育委員会や教会のリーダーたちは、クリスマスの意義が失われてしまうのではないかと懸念している。サンタクロースやクリスマスツリーがでてくる歌、詩、劇などはない方が良いと考えているのだ。アーミッシュの学校のなかには、寸劇や劇はダメだが、暗譜での歌や朗読を推奨しているところもある。カナダのオンタリオ州のある学区では、こどもたちが詩を学び、両親や

多くのアーミッシュの学校では、休日がほとんどない。休まずに、必要な日数だけつめて授業をおこなうのだ。そうすれば、農場でこどもたちの手が必要となる時期に夏休みを長く取ることができる。

友達のために朗読することを許可している。クリスマスの物語や歌もある。そして時には先生からキャンディーをもらったり、こども同士で小さなプレゼントを交換することも許されている。その隣の教区では、クリスマス会やプレゼント交換がない。しかし、特別な歌をうたった後に、ポップコーンやりんごなどの軽食をとる。ペンシルベニア州のある学校では、カーテンで「舞台裏」を隠すようなことはやめている。クリスマスが凝った催しにならないようにするためである。

クリスマス会――こどもたちと両親にとってのハイライト

クリスマスの催しが許可されている学校では、こどもたちにとって、クリスマス会は学校年間行事のハイライトの一つである。教師は時間をかけて、ここ数年使われたことのない新しい素材を探し出す。そして、それを他の教師の本やノートから手で書き写す（電気を使わないのでコピー機はない。ほとんどの学校では、手動式のタイプライターで打ったり、手で書いた原稿を、手動式の機械で印刷する）。生徒は、歌や寸劇、詩を一生懸命に練習する。

近隣の学校同士は、クリスマス会を違う日に組んでいる。それぞれのクリスマス会に参加できるようにとの配慮からである。両親、弟や妹、友人が、徒歩やバギーでやってくる。そして、学校の建物の外のポーチの上に、コート、帽子、ショール、ボンネット*などをどんどん積み重ねていく（誰のものかわかるように、黒いコートとショールには、目立つ色でイニシャルがていねいに刺繍してある。帽子とボンネットの内側には、持ち主のイニシャル*がかかれた紙がピンでとめてある）。

部屋では、こどもも大人も同じように、教室の机に座る。座れなかった人は、部屋の周りにおいてある、背もたれのない木のベンチに座る。教室の前方にはカーテンがつるしてあり、こどもたちはカーテンの内側で、プログラムの準備に忙しい。教室にぐるっとおかれた机の上には、進行表と「ようこそ」とかかれた紙が置いてある。

教室の窓は、星型に切ったレースの紙、クレヨンで描かれた風景や農場の絵で飾られている。黒板には、まず「ようこそ」の文字が、そして冬景色がカラフルなチョークで詳細に描かれている。

クリスマス会を長い間準備してきたのは教師だが、その姿は見えない。かわりに、こ

クリスマス会の許可が下りると、それは、アーミッシュのこどもたちにとって、一年の学年暦の中でハイライトの一つとなる。通常、両親、おじいさん、おばあさん、兄弟、そして隣の学校までが参加する。

どもたちが挨拶をして紹介をおこなう。教師の役割は、敏速に動き、こどもたちを助けることにある。筆者（レイチェル・ストール）が訪れたペンシルベニア州の学校では、生徒たちが学年順に歌をうたい、「ようこそ」と挨拶をした。小さいこどもたちは、暗譜で歌をうたう時、特別にこしらえた小さな台の上に立ち、彼らの歌が皆からよく聞こえ、その姿が見えるようにしていた。

クリスマスをテーマとした寸劇が演じられた。怒りっぽいおじいさんがいて、訪ねてくる家族が騒がしいと文句を言い続けていた。しかし、若者たちが、あたたかく、親しげに話をしたので、おじいさんは自分の若い頃を思い出し、ついに折れた。このようなストーリーである。そして歌が斉唱された。この時、こどもたちのうちの一人が音の高さを決めるのだが、調子笛や楽器は使わない。みんなが知っている賛美歌も、わずかに上下するアーミッシュの伝統的なうたい方でうたうと、アーミッシュ独特の調子*になる。

こどもたちは、学校で英語を学ぶので、詩や歌はペンシルベニア・ダッチではなくすべて英語でうたわれる。しかし、上級生はドイツ語も習っているので、ルカ伝二からのクリスマス物語をドイツ語で暗唱する。

クリスマス会では、微笑みとクスクス笑いが教室中にあふれているが、拍手喝さいはない。すべての出し物が暗記でなされ、二時間以上続く。こどもたちが使う小道具はほんのわずかである。例えばロウソク、トランプ用の机、紙で切った文字、二、三の古い帽子、オーバー、ステッキなど。

私（サラ・フィッシャー）にとって、特に楽しかったクリスマス会が一つある。一一月に八年生の生徒三人のうち、一番小さな女の子が私の所にやってきた。そして、他の八年生の女の子と一緒に、クリスマス会の準備を手伝いたいと申し出た。クリスマス会の計画立案は私にはあまり楽しいものではなかったので、その申し出はとても嬉しかった！　私は集めた材料を彼女たちに渡し、アドバイスをしたあと、計画をたててもらった。劇のうちの一つはアーミッシュのこどもたちにはふさわしいものではなかったので、一人の生徒が書き直してくれた。

一二月二四日にクリスマス会が開かれた。母親は全員、父親もほとんどが参加した。チェリーレーン学校の教師は、三四人中二二人の生徒を連れてやってきた。メドービュー学校の教師は上級生一二人を連れて参加した。他の学校からは生徒たちは来なかったが、教師が参加した。

クリスマス会は、詩の朗読が一〇、寸劇が六つ、体操が一つ、そして合唱から構成されていた。会は一時間ほどで終わった。それから二〇分ほど、誰もが知っている古い賛美歌を参加者と一緒にうたった。その後で、みんなでプレゼント交換をした。

クリスマス会に加わったプレゼント

どんなプレゼントをあげる？　ある年、名前を交換して、その子にクリスマスプレゼ

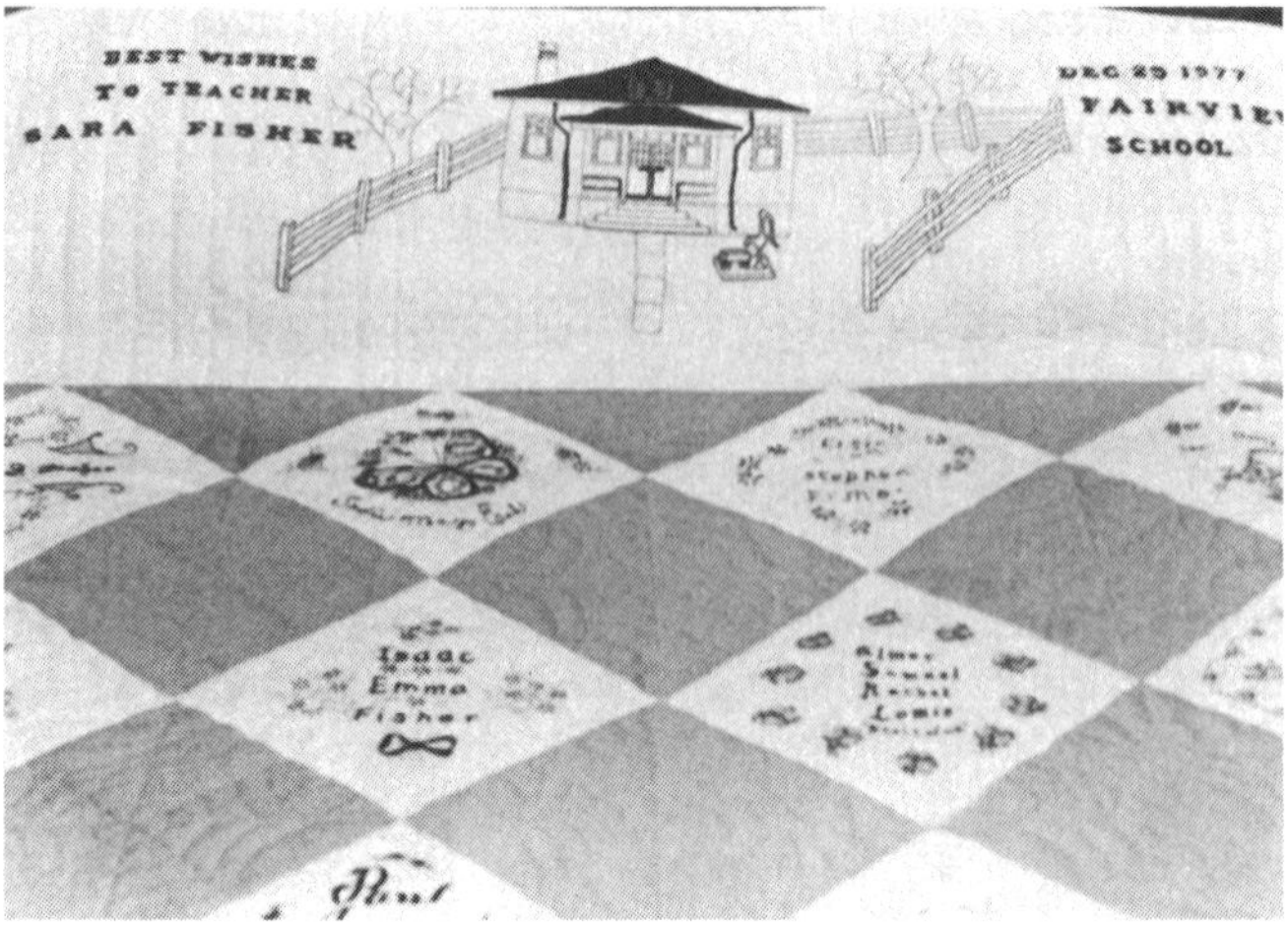

アーミッシュの学校では、プレゼント交換がおこなわれるところもある。こどもたちや両親は、教師に、キルトのようなすばらしい品をプレゼントすることがある。

ントを買うことにした。クリスマス会の当日、プレゼントが私の机の上に山積みにされた。プレゼント交換をするにあたって、私はプレゼントの山の中から一つを取り出し、名前を呼んだ。名前を呼ばれた生徒は前に出て、プレゼントを開け、皆にそれを見せた。次に、その生徒が別のプレゼントを選び、そこに書かれている名前を呼んだ。このようにして、すべてのプレゼントが開けられた。私は八年生の女の子のうちの一人の名を呼び、詩篇二三を刺繍した壁かけをプレゼントした。私は生徒全員にも小さなプレゼントを買っておいた。女の子には、クリスマスのお祝いが書かれた鉛筆と多発性硬化症で障害者となった男性から買ったビーズでできた星を用意した。男の子には、ペン二本と鉛筆一本をあげた。

教師にもプレゼント

女子生徒の一人が私の名前を呼び、マクラメで作ったハンガーと五ポンドのハムをくれた。親の中には、五ドル紙幣入りのカードをくれる人や、生のソーセージ一ポンドをプレゼントしてくれる人もいた。プレゼントをすべて開け終えると、みんなが毛布を入れるチェストを運んでくれた。これは、親全員から私へのプレゼントだった。何て嬉しいプレゼントだろう。チェストは、私にとって、少々センチメンタルなプレゼントであった。なぜなら、そのチェストは、学校に通っているこどもの家族で、最近家具屋*を始めた青年によって作られたものだったからだ。私が貰ったプレゼントは、彼が初めて作ったチェストだったがとても良くできていた！　こどもたちがクリスマスに何が欲しいか私に尋ねた時、前のクリスマスの時にこどもたちがくれたプレゼントを入れるチェストが欲しいとほのめかしていたのだ。

私が教え始めて三期目に、とても美しいキルトをもらった。それには、いろんな方法でこどもたちの家族がわかるように、パッチワークがほどこされていた。一番上に、アップリケでフェアビュー学校の絵がかかれ、繻子縫いがされ、輪郭も縫われていた。

次のクリスマスには、ベッド用の青いリネンと青い毛布をプレゼントしてくれた。ある家族が黄色い毛布を、他の親はショールとセーターをくれた年もあった。

ランカスター郡の一教室制学校のうちのいくつかには、オールド・オーダー・アーミッシュとメノナイトの両方の生徒が通っている。オールド・オーダー・メノナイトのこどもたちは、クリスマス会の後で親たちに食事を用意し、参加者と一緒に歌をうたうこともあった。

他の会

筆者（サラ・フィッシャー）のある学期の日記は、次のような書き出しで始まっている。「ここ数週間、こどもたちはバレンタインに向けてがんばっている。去年、バレンタイン用に飾った箱がある。こどもたちは、プレゼントを仕上げ終えて、その箱に入れた。また、家から持ってきたプレゼントも入れた。私たちは、最終金曜日にバレンタインのプレゼントを交換した。ある家族は、ハート型に切ったパフライスのキャンディーを持ってきた。また他の家族はポップコーンボールを全員に持ってきた。バレンタインキャンディーを配った家族もあった。私はカードを取り出し、買ってきた箱の中から、キャンディーバーとバレンタインのプレゼントを取り出して、こどもたち全員にあげた。」

学年末のピクニック

オールド・オーダー・アーミッシュの学校のなかには、学年末をピクニックで締めくくるところもある。親たちはピクニックのランチにご馳走を持ち寄り、ソフトボールやバレーボールの熱の入った試合を観戦する。

アーミッシュの学校のもう一つの特別イベントは、学年末におこなうピクニックだ。親たちはお昼にご馳走を作って持ってきて、学校を訪ずれ、ソフトボールやバレーボールを観戦する。時には参加することもある。

自発的にもたれる特別な時間

伝統的な休日とは別に、特別な時間がある。筆者（サラ・フィッシャー）の記録によれば、これまでの学期を通じて三回特別な時間があった。

アナ・デンリンガーは、私が教え始めた頃、フェアビュー学校の隣に住んでいた。私は彼女のところをひんぱんに訪ねて、いろいろな悩みごとにアドバイスをもらったり、ただ肩をかりて泣いたりした。彼女は電池で動く時計以外にも、振り子時計を台所にかけていた。ある日私は、「あなたは台所に二つも時計を持っているのに、あなたの家の隣の学校に時計がないなんておかしいわ」と彼女にいった。彼女はそれとなくペクア地区で木工細工をしているジェイコブ・ストルツフス*に、時計を作り、学校の教室に置いてくれるように頼んでいた。

ジェイコブは時計が誰からのプレゼントかは言わなかったけれど、私たちにはなんとなくわかった。私はアナに、時計をくれたのは誰か知っている?、と一度だけ尋ねた。「それってサンタクロースからの贈り物じゃないの」と彼女はいった。「サンタクロースはエプロンをつけていると思うわ」と私はいった。(私が彼女のところを訪ねたとき、アナはエプロンをしていた。)

私は、こどもたちに、時計のお礼にスクラップブックを作ろうと呼びかけた。それぞれが字や絵をかいた。ページの片方には時計についてかき、もう片面には学校についてかいた。

こどもたちのおかげで、とても良いスクラップブックができた。描き終わったので、アナに学校へ来てもらい、スペリングビー*や常識クイズの音頭をとってもらった。アナと一緒に二つの遊びを楽しんだ後、私は「さあ今度は、こどもたちがあなたのために歌

をうたおうとしているわよ」というと、アナは教室の後ろに向かって歩きだした。こどもたちは教室の前に一列に並んだ。私は歌の内容が聞き取れなくなるので、あまり後ろまで行かないようアナにいった。こどもたちは、私が作曲した私たちの時計物語の歌をうたった。

チックタック、チックタック、一日中
私たちの学校の時計の歌を聞いて。
教室の壁の一番上にかかっている
みんなに時を告げている
チックタック、チックタック、一日中
私たちの学校の時計の歌を聞いて。

チックタック、チックタック、全部教えて
誰が壁に取り付けたの？
ある日、ジェイコブ・ストルツフスさんがやってきて、
時計をかけて、帰っていった。
チックタック、チックタック、時を刻む
彼が壁に取り付けた。

チックタック、チックタック、本当のことを言って。
誰が彼に時計をかけるようにいったの？
秘密だから彼はいわない、
でもいつかわかるでしょう。
チックタック、チックタック、今わかったよ
それはアナ・デンリンガーさん、あなたでしょ。

学校は、勤勉と規律、しつけ*を意味している。しかし同時に教師やこどもたち、そして親たちにとって、楽しみや祝いの場でもある。

「私の誕生日の朝、お祈りが終わって授業を始めようとすると、誰かの口笛が聞こえた。邪魔をするのは誰だろうと立ち上がってみると、教室の前方に向かって、通路を缶詰がごろごろところがってきた。その日の朝、こどもたちは学校へ来ると、私にみつからないように、缶詰を机の中に隠していたのだ。缶詰についているラベルをはがして、私が開けるまで何が入っているかをわからないようにしていた。缶詰の中身は、ベイクドビーンズ*から桃、豆、プラム、アプリコットやパイナップルまでいろいろだった。」

「この間の金曜日、家に帰る直前、私たちは名前を交換した。そして月曜日、引きあてた子にお弁当を持ってきた。こどもたちは、どの子のお弁当を誰が食べるのか興味津々。月曜日のお昼、手を洗って、いつものようにお弁当箱を手渡した。お祈りをして、私が引き当てた八年生の女の子に、私のお弁当を手渡した。彼女は自分のお弁当を、用意してきた子にあげた。そうして皆に誰かのお弁当が回ってきた。」

13　障害児のための学校

　アーミッシュ・コミュニティでは、近親婚が非常に多い。ランカスター郡には、再洗礼を受けているオールド・オーダー・アーミッシュの成人メンバーは九千人しかおらず、配偶者*を見つける母体は限られている。「またいとこ」との結婚は禁止されているが、「はとこ」との婚姻は珍しくない。

　このような近親婚によって、こどもに精神的な障害が生じたり、顕著な知的障害が起こりうる。また最近、遺伝的聴覚障害や小人症の多発といった問題も増加している。

　多くのアーミッシュ・コミュニティには、障害のあるこどもたちのための学校がない。ある教師に言わせれば、彼らは、「できる限り」「ゆっくりと進む」しかないのである。

アーミッシュの社会では、こどもは大切な存在だ。

他の地域には、障害のあるこどもを、州立の障害児学校に通わせるコミュニティもある。

ペンシルベニア州ランカスター郡にある二つの障害児学校は、例外であり、注目に値する。その設立計画は、一九七五年、脳水腫と視覚障害を併せもった男の子の両親によって始められた。この家族は莫大なエネルギーと愛情をそそいで、こどもにアルファベットを教え続けた。彼は、地域の一教室制の学校では、友だちについていけないし、またからかいをうけ、いつも涙にくれていた。

一九七五年——最初の障害児学校が開校

地元のアーミッシュ関連の出版社の家に、数人の関係者も集まって、学校長の年次会議がもたれた。そこで、長時間にわたって、このようなこどもたちの教育に対する問題が話し合われた。男の子は九歳になっていた。障害のあるこどもたちのための学校を開校しようという考えが生まれたのは、一九七五年七月二八日のことであった。

学校を運営するための寄付金が、教区中から集められた。学校に通うこどものいる親によって作られているオールド・オーダー・ブック協会と学校建物基金からも寄付が寄せられた。

計画が実際に始動するまでには、多くの困難を乗り越えなければならなかった。まず、このようなこどもたちを特別に教えるべきかどうかで、教師と親たちは意見が食い違った。学校の理事会は、仕事を受け持ってもらう教師を見つけるのに非常に苦労した。建物を用意しなければならなかったし、住所がバラバラなので、こどもたちを送迎する車と運転手も探さねばならなかった。そして最後に、この学校にこどもたちを通わせてくれるよう両親を説得する必要があった。

どのようにすればよいだろうか。よい手本はないだろうか。アーミッシュの学校の理事会は、東ランカスター郡にあるガーデンスポット区の公立小学校の障害児学級とペンシルベニア州ギャップのベルビュー・プレスバイタリアン教会地下にあるセントジューン・スミス・センターを訪問した。当時、これらの学校には、アーミッシュの障害児も何人か通っていた。

一九七五年九月、クレビュー障害児学校がついに生徒二人で開校した。数週間後、三人目の生徒が入学した。徐々に学校は認められ、生徒たちもしだいにやってくるように

ペンシルベニア州ランカスター郡には、障害をもつこどものための学校*が二つある。写真はクレビュー学校。通常学級の他に、障害児のためのクラスがある。

なった。現在、クレビュー学校には九人のこどもが登校している。

一九七八年一〇月四日、ペンシルベニア州マインロードに二つ目の障害児学校が開校した。一九八〇年現在、授業料は一人二〇〇ドルである（こどもの送り迎えに交通費がかかる場合は、両親が追加分の費用を払う）。オールド・オーダー・メノナイトは、アーミッシュの障害児学校の設立や運営に協力している。

献身的な教師

クレビュー障害児学校を訪問したある冬の早朝、筆者（レイチェル・ストール）は一人の女教師に迎えられた。彼女は一時間以上も前に来て、その日の授業の準備をしていた。彼女は早朝にしか車で送り迎えをしてもらえないので、こんなに早く来ていたのだ。もう一人の教師はこどもと一緒に車でやってきた。

教室の片方の壁には、コート、帽子やボンネットをかけるための簡単な金属製のフックがついていた。各生徒の場所は、それぞれ、かわいい色紙を切り抜いた動物とその子の名前によって、すぐにわかるようになっていた。教室では、一人一人の生徒の持ち物がはっきりとわかるように配慮してあった。どの生徒も、口の開いた郵便箱の絵をもっていた。それは、ぶどうのつる花で囲まれ、箱のふたには、自分の名前、住所、誕生日が書かれていた。

こどもたちは学校が始まる前にやってくるので、自由に遊べる時間が少しある。豆の袋を投げたり、人形の形に紙を切ったり、プラスチック製の小動物で遊んだりする。ダウン症のこどもが私のもとにやってきて握手をした。そして、私が誰かを尋ねた後、自己紹介をしてくれた。

障害児学校のカリキュラムは、典型的な一教室制の学校とほぼ同じである。しかしながら教師あたりの生徒数が少ないので、こどもたちは特に強く注意が払われ、がんばるようはげまされる。

育てられる責任感

教師が小さなハンドベルを鳴らすと、こどもたちは遊びをやめ、席に着く。一人か二人の生徒が洗面所へ行き、蛇口を開け、コップに水を汲む。配水管がないので、コップから溢れた水は、洗面台の下に置いてあるプラスチックのバケツに集まる。この教室は学校の地下にあり、水を地上に汲み上げる電気ポンプもないので、バケツが排水でいっぱいになったら、バケツをカラにするのはこどもたちの仕事だ。

こどもたちが席に着くと、ベルがもう一度ならされる。教師たちは立ちあがり、聖書の一節をかわるがわる読みあげる。それから全員が起立して、主の祈りを繰り返す。聖書についての解説がなされることはない。

この学校の時間割は、他のアーミッシュの学校とほとんど同じだ。三年生のレベルより上の子はいないが、教師は、読み、書き、算数を熱心に教える。常日頃から、注意深く、しつけがなされているので、クラスは静かで整然としている。先生に暗唱や読みを見てもらっていない生徒は、自習をしながら自分の番が来るのを待つ。何か問題が生じたり、知らない単語にぶつかった生徒は、手をあげる。そして、先生が気づくまでそのまま待っている。

このようなこどもたちに対して、教え方がいろいろ工夫されている。フラッシュカード*、一〇分授業、そして個別指導である。これらによって、彼らはいらいらしないですむ。集中力がほんのわずかしか続かない子は、本を離れて、黒板の数字を小さい紙にうつし、それに色を塗る。このようなやり方を何度も繰り返すのだ。午前の真ん中には、スナック休憩がある。この時間は、こどもたちの好きにさせている。彼らは、教室の中や外で、自由に食べたり、遊んだりする。

教室の一方には低い特製の長机が置いてある。これなら、生徒の机にもたれなくても、

こどもは、どの子であっても、アーミッシュの家庭のメンバーであり大切にされる。コミュニティにとって役立ち、必要とされるアーミッシュの一員としての自分を実感するのだ。

教師は生徒のそばに座ることができる。二人の教師が交代でこどもたちの面倒を見る。と同時に、他のたくさんの生徒たちにも目を向ける。ある生徒には勉強を教え、ある生徒には机を片付けるように指示し、また別の生徒には座っているように指示するのである。

こどもたちのなかには、はっきりと話せない子がいる。すぐに忘れてしまう子もいる。しかし彼らは、コミュニティでは大切にされ、何がしかの役割が果たせるようサポートされている。彼らがとても幸せそうに見えるのはそのためだ。

障害児学校は、アーミッシュの学校システムの一部として、ペンシルベニア州に認知され、受け入れられている。教師にとって、経験こそが一番と考えられているので、彼らに対し、特別の教育訓練がなされることはない。

計画が軌道に乗りはじめると、学習に障害をきたすこどもたちに特別の教育を受けさせたいと願う親たちが殺到した。結局、学校の理事会は指針を作り、通常の一教室制の学校でついていくことができないこどもだけを障害児学校に受け入れることとした。

障害が重く、このような教育が不可能と思われるこどもたちは、今でも州の障害児教育のクラスに通っている。このため、アーミッシュの人々は、政府のそのようなプログラムにしばしば寄付をしている。

14　教えることの楽しさとむずかしさ

教えることの楽しさとむずかしさに関する調査に対して、アメリカ（九つの州）とカナダ（一州）から、二五人のアーミッシュ教師が回答を寄せた。

新任の教師は、「去年の先生はこうしていた」と何度も言われ、音をあげている。調査にあたった教師は、このような不安にどう対処したらよいか、いくつか提案をしている。新任教師はまず、新学期になって、新しい先生を迎えたということ、そして先生によってやり方が違うことを、こどもたちにわからせるようにする。その一方で、新任の教師も前任者のやり方を評価して、そこから学ぶ方法を探さねばならない。

教えることには、たくさんの喜びがある。卒業生に会うのは、いつも楽しい。私（サ

新任教師が直面する問題の一つは、「去年の先生はこうしていた」と聞かされることだ。新学期が始まり、新しい教師が来ることは、やり方が新しくなることを意味している。しかし、教師には、前任者のやり方から学ぶ点も多くある。

ラ・フィッシャー）にとって、微笑や固い握手、そして親しげな訪問は最も価値があり、最も大きな喜びだ。この喜びはずっとつづく。教育は、私に、これらの喜びを必ず与えてくれる。もちろん、ごまかしや嘘つき、親の非協力といった問題はある。しかし、生徒が微笑みながら学校へ来て、「おはようございます」と心のこもったあいさつをした時、また、多くの親が自分を信頼し自分のために祈ってくれる時、こんな時には、嫌な問題もとるに足らないものとなる。

教師一人で八学年の全生徒と全教科に責任をもつとなると、こどもたちに対しても教科に対しても、公平さを保つことはむずかしい。教師の願いは、こどもたちに学ぶ意欲をもたせること、その一点につきる。それさえあれば、彼らは自分で課題を進めることができるだろう。教師にとって大切なことは、こどもたち一人一人が積極的になるようにすることである。それが、一生涯、彼らに役立つものとなるだろう。

ある教師は言う。「こどもたちは、私にとって最大の喜びです。幸せと熱意に満ちあふれて学校へやってくる彼らを見たり、生徒たちと一緒に困難に立ち向かったり、彼らが新しいことを理解して視野が開けていくのを見ると、まるで春に花開くつぼみのよう

教師の願いは、学ぶ意欲をこどもたちにもたせたいという点につきる。それさえあれば、彼らは自分で課題を追究することができるだろう。生涯もちつづけることができる積極的態度を涵養すること。それが大切なのだ。

な気分になります。これより価値のあることなんて、他にあるでしょうか。それは、私の手のひらと心の中にある、いわば小さな天国なのです。」

ある教師の日記から

「紙の裏を見て。私より」と書かれた紙と一緒に数粒のミントが机の上においてあるのを見つけた時、そして紙の裏に、「こんにちは！」と書かれ、L、Y、D、I、A*という文字で紙が埋めつくされている時、私はしみじみと幸せを感じる。

算数の長い問題の最後に、「できた。楽しかった」と書かれているのを見るのは楽しい。それは、私の喜び。また、そっと手渡された紙に、「先生！　昨日、教会で先生を見たよ」と書かれてあるのを見つけた時、――そんな時、私はとても嬉しい。

15 教育の成功——一教師の考え

ところで、アーミッシュの学校は、こどもたちが生活の準備をするのに役立っているのだろうか？

アーミッシュの学校は、信心深く、勤勉で、自立した人間になれるようこどもたちに手助けをする。しかしながら、利己的、野心的で競争心旺盛になることは教えない。

アーミッシュのこどもたちは、自らの手で働き、生きていくことを学ぶ。生活のためのビジネスの基本を学ぶのだ。お金の貸し借りの仕方、服の縫い方、献立のたて方や料理の仕方、牧草地の整地法、馬やバギー*の扱い方などである。しかし、これらすべてが教室で教えられるわけではない。農場や家庭もまた、学習の場所なのだ。

すべての授業が教室でなされるとは限らない。サラ・フィッシャーによれば、農場や家庭も学習の場だ。

アーミッシュのこどもたちは、プライバシー、自分だけの空間、評価、称賛、野心、報酬など、利己的な欲望を求めないよう教えられている。これらは、外の世界のこどもたちにとって、あたりまえとされているものだが。

アーミッシュの学校制度を認める最高裁の判決（一九七二年）を記念した集会が、ペンシルベニア州ランカスター郡でもたれた。その際、アーミッシュの出身だが、現在、心理学博士の学位を持つ一人の男性が次のように述べた。この判決前にアーミッシュのこどもとして生まれたことを大変残念に思いますと。結果的に、両親は彼を高校*に入れねばならなかった。そこで彼は、社会的、個人的に必要とされる多くのことを学んだのだ。それは、彼がこれまで経験したことのないものであった。悲しいことに、高校に進学したアーミッシュのこどもが、アーミッシュ社会にとどまることはほぼ不可能だ、というのが彼の結論である。

アーミッシュのこどもたちは、コミュニティのなかで、極めて大きな安心感を得ている。助け合い、互いを気遣うことによって、生まれてから死ぬまで彼らは支えられている。そして、彼らは、孤独感を全く抱くことなく過ごすことができるのだ。高等教育を

アーミッシュのこどもたちは、コミュニティのなかで、極めて大きな安心感を得ている。助け合い、互いを気遣うことによって、彼らは、生まれてから死ぬまで支えられる。孤独感を全く抱くことなく過ごすことができるのだ。

結局、他の人、特に年上の人から学ぶことが、アーミッシュ流の生活をおくるためには最も大切だ。

受けるという、つかの間の楽しみのためにこうした安全圏から立ち去ることは、彼らにとって、危険であるばかりでなく恐怖ですらある。

たとえ、こどもたちがアーミッシュ・コミュニティを離れたとしても、彼らの持つ技術や倫理は、しっかりとした生活の基盤となる。アーミッシュが住んでいる地域の地方紙には、料理、パン、菓子作り*や掃除をアーミッシュ女性に手伝って欲しいという求人広告が掲載されている。アーミッシュを離れたとしても、働き者のアーミッシュがもつ技術と誠実さが強く求められているのだ。

訳注

＊7頁　アーミッシュ（Amish）

アメリカとカナダで、近代文明を拒否して、独自のライフスタイルを二〇〇年以上も続けている人々。キリスト教プロテスタントの小会派。アナバプティストと呼ばれ、幼児洗礼後、成人洗礼をする再洗礼派の一つ。再洗礼派には、他にメノナイト、ブレズレン、ハッターライトなどがある。ヨーロッパのアナバプティストのうちから、一五二五年、スイスで、ジェイコブ・アマンに率いられて誕生した宗派であり、アマン派を意味する「アーミッシュ」と名づけられた。彼らは、ヨーロッパでは異端として迫害を受け、一七〇〇年代にアメリカ、ペンシルベニア州へわたった。現在、アメリカ二四州とカナダのオンタリオ州に約二〇万人が生活しているといわれている。アーミッシュと起源を同じくする、再洗礼派のメノナイトは、ライフスタイルもアーミッシュと似ている。

彼らのライフスタイルの特徴は、①信仰に基づいた簡素な生活をモットーとし、②教区と呼ばれる数十家族からなる相互扶助のコミュニティを形成し、③農業を基盤とした生活、④家族中心の生活をおこない、⑤電気や電話を使わず、⑥自動車を所有せず、馬車（バギー）を利用し、⑦独特の衣服を装い、⑧八年制の学校を設立、運営し、⑨ペンシルベニア・ダッチ（言語）を話し、⑩二週間に一度各家庭、持ち回りで教会活動をおこなうなどである。

彼らのライフスタイルは、オルドヌングとよばれるルール集によって規定されている。これは長い年月を経て作られたものであり、通常は書かれていない。こどもたちは父親や祖父から口伝えに、また大人の行動からアーミッシュとしてすべきことと、してはいけないことを学ぶ。

＊9頁　授業

アーミッシュが重視しているのは、読み、書き、算数を意味するReading, Writing, Arithmeticの3Rである。この他に、保健が教えられる。歴史や地理、美術も学校によっては教えているが、進化論を信じていない彼らは、通常、理科を教えない。体育は、遊びによって学べるので学校では教えない。

＊10頁　英語は母国語ではない

アーミッシュは英語とドイツ語なまりのペンシルベニア・ダッチ（ペンダッチ）の両方を話し、ドイツ語で書かれた物を読むことができる。コミュニティ内では通常、ペンダッチを使っている。ダッチは、ペンシルベニア州に入植した当時、アーミッシュの人々が話す言葉に対して、当時の周りの人々が、ドイチュ（Deutch）をダッチ（Dutch）と解してしまったことに由来している。英語は学校に入ってから学ぶ。

＊12頁　コミュニケーション

アーミッシュは、テレビ、ラジオ、商業新聞などを禁止している。また、電話に関しては、公衆電話や共同で設置した「コミュニティ電話」を利用している（次の電話の項目を参照）。したがって、彼らの主なコミュニケーション手段は会話と手紙である。アーミッシュは、社会的な関係は、面と向かい合って直接会話することによって築き挙げられると考えている。彼らは平日は農作業などの日常の仕事で忙しいため、訪問しあうことはないが、土、日（礼拝のない日曜日）には、約束なしに互いに訪問しあう。

＊12頁　電話

電話は、直接向かいあってなされる人と人のコミュニケーションから、会話だけを取り出したにすぎないので、電話での会話は、半メッセージの意味しかないと考えられている。また、電話によって、日常の会話や仕事が中断されることは、家庭生活がもつ本来のリズムや流れを乱すと考えている。このため、アーミッシュは、家の中に電話を引かず、公衆電話を利用したり、農場の小道のはずれや工場の脇に「コミュニティ電話」を設置し、利用している。これらの電話番号は電話帳には載っていない。経費は数家族で負担している。電話はおしゃべりのための道具ではないので、彼らが電話を使うのは、アーミッシュ・タクシーを呼んだり、獣医に連絡したり、飼料を購入する時等に限られている。

＊13頁　交通手段

アーミッシュにとってバギーとよばれる馬車が一般的な交通手段であり、自動車をドライバーつきで借り上げて利用することはあっても、運転や所有はしない。またバスなどの公共交通機関を利用するが、飛行機には乗らない。近くへの移動には、大人もこどももスクーター（キック式で大型のもの）やローラースケートをよく利用する。ただし、自転車は禁止である。バギーについては、15章の訳注を参照のこと。

＊13頁　キルト（quilt）

綿・毛・羽などを芯にして刺し縫いしたパッチワーク。本来は様々なハギレを組み合わせて作る。女性はキルト作りをしながら、おしゃべりを楽しむ。アーミッシュのキルトは、太陽、空、大地等の自然をあらわした渋い色のものが多い。母親は娘の嫁入り用にキルトを縫う。現在、キルトの販売は、アーミッシュにとって大きな収入源となっており、ダブルベッド用のベッドカバーのキルトで、六〜一〇万円ほどする。（二〇〇〇年価格）

＊13頁　納屋の建築

バーン・レイズィング（Barn Raising）と呼ばれ、ある家族の納屋の建築をコミュニティ・メンバー全員が協力しておこなうアーミッシュの特徴的な催しの一つ。納屋は全て木材で作られる。事前に細部を組み立てておき、晴れた日に、一日で全部を建て終える。骨組みを立ち上げる時の様子は圧巻である。建築には男性だけが携わり、女性は総出で昼食を作る。これは差別ではなく、アーミッシュでは厳然とした性別の役割があり、皆、誇りを持って仕事にあたる。キルト作りはもともとこのような集まりでなされた。

＊13頁　果物の瓶

アーミッシュは、電源からの電気を利用しない。現在、ランカスター郡のアーミッシュはほとんどガス式冷蔵庫を使用している。しかし冷蔵庫だけでは、食材を大量に保存できないので、今でも瓶詰めをたくさん作る。果物や野菜、肉等、多くの食材は、一年分が瓶詰めにされ、各家庭の地下室に保存されている。

＊13頁　様々な職業

アーミッシュは農業を主な職業としているが、土地の高騰により、農業を営むのに必要な土地を新たに購入することが困難になってきた。また、彼らの生活には、バギーや馬具の製造・修理のための工作所、農機具、園芸用機具の製造のための小さな製造所や家内工場が必要である。最近では、金物類、家具・工芸品を売る小売店も営業するようになった。したがって、現在、彼らは農業以外にも、これらの職業や大工・職人など、数十種の職業に就いている。

＊14頁　算数

アーミッシュのこどもが習う算数は、加算、引き算、掛け算、割り算、小数、割合、率、体積と面積等である。八年生を卒業した後、職業学校へ進めば、さらに農業や生活に必要な算術を学ぶ。

＊14頁　オールド・オーダー・アーミッシュ

オールド・オーダー（Old Order）とは、伝統的な方法を重んじ、新しいものに対して警戒心の強い人々やグループをさす。旧派とも訳される。それに対して、比較的規律がゆるやかなアーミッシュをニュー・オーダー・アーミッシュと呼んでいる。本書は、オールド・オーダー・アーミッシュを対象にしている。彼らは、積極的な布教活動をおこなわない。

＊14頁　ブラックボード・ブルテン

一九五七年一〇月創刊の教師向け月刊誌。教育上のコツ、悩み相談や教育方法に関するアイデア、アドバイスなどが載っている。ほとんどすべてのアーミッシュ教師が講読している。また、アーミッシュ学校についての年次統計も一年に一度掲載される。（「10　教師の研修会」を参照のこと）

＊15頁　教区

アーミッシュ・コミュニティの基本単位。地理的に近いところに住む家族が集まって、教会サービス（礼拝）をもち、信仰に基づいた相互扶助の生活をおこなっている。通常二五～三五家族（家族の人数は平均八人なので、二～三百人）が一つの教区を形成する。人数がこれ以上に増えれば、新たな教区をつくり、二つに分かれる。

＊16頁　衣服

アーミッシュとしてのアイデンティティを示すものとして重要な役割を担っている。女性の日常着は、単色のドレス（寒色系が多い）、白（オーガンディ）の帽子とエプロン。既婚女性は、黒か色つきのエプロンをして、黒い靴下と黒い靴を履く。ボタンはなく、太い針でとめる。男性は白か単色のシャツ、黒のつりズボン、黒の帽子（夏は麦わら帽子）が基本的な装いである。こどもも同様（色のバリエーションは多い）であるが、こどもの服にはボタンがついている。

＊16頁　帽子
アーミッシュは、男性も女性も帽子をかぶる。女性は、ある年齢に達するとそれ以降、髪を切らない。外に出かけるときは常に帽子をかぶる。また、家庭内でも、スカーフをする。

＊17頁　ランカスター郡
アメリカ・ペンシルベニア州の郡のひとつ。オールド・オーダー・アーミッシュの居住地としては、最も古く、観光スポットでもある。一・四〜一・六万人のアーミッシュが住んでいる。ランカスター郡の土地は高いので、アーミッシュの中でも比較的裕福な人々が住んでいるといわれている。

＊17頁　世俗的（wordly）
アーミッシュは、世俗的ということをひどく嫌う。コミュニティの豊かさを危険にさらす「世俗的」の意味するものは、①快適さ（便利さ）を求めること、②物質的なものへの執着、③自己を高める活動、④競争、⑤おごりなどである。これらのことがらは、アーミッシュの生活から、もっとも遠いところに

あり、その行動が目に余ると判断された場合はシャニング（破門）の対象となる。したがってこれらの「世俗的」なことを追い求めることは、アーミッシュからの離脱を意味する。なお、シャニングによって、アーミッシュとしての生活を一緒にすることはできなくなるが、悔い改めればアーミッシュ社会に再び受け入れられる。

＊18頁　義務教育

アメリカでは、教育は州の責任であるため、就学義務に関する規定も州によって異なる。アメリカ義務教育の歴史的経緯については、本書の解題を参照されたい。現在、アメリカの義務教育は、六歳からの九年間とする州がほとんどである。学校制度は、六―三（二）―三（四）制が多いが、八―四制、六―六制もある。この他、五―三―四制や四―四―四制などの「ミドルスクール」を含むケースもある。

＊21頁　農場の手伝い

アーミッシュのこどもたちは、小さなこどもでも、何らかの手伝いをすることが義務づけられている。このうち、農場での手伝いが、最も重要である。こどもたちも早く一人前になりたいため、家での仕事を率先して手伝う。

＊22頁　職業クラス

アーミッシュの学校で八年生を終えた生徒が、週に一度開かれる職業クラスに通う。アーミッシュの教師は一二人ほどの生徒に、実務・技術、商業数学、読み書きを週三時間教える。一九七二年の最高判決によって、八年制のアーミッシュ学校が正式のものと認められたので、職業クラスは必要でなくなった。しかし、ペンシルベニア州ランカスター郡では、多くの教区が職業クラスを続けている。

＊27頁　税金

アーミッシュは、自分たちの学校のための税金、州政府への学校税、これら二つの税を支払っている。他にも地方税、州税、不動産税、所得税、消費税等の税金を払っているが、アーミッシュは公共のサービスをほとんど利用しない。コミュニティ内での相互扶助を重んじるからである。

＊38頁　三ヶ月にも及ぶのんきな生活

アメリカの学期の長さは州によって異なるが、一般的には一六〇日～一八〇日である。アーミッシュの学期は、八月末から四月までの九ヶ月間（一八〇日）であり、五月から八月までは夏休みとなる。この間は農作業が忙しく、こどもたちの手伝いが必要になる。農作業がなくなる冬を中心にして、学期が組まれている。

＊52頁　プリッツ

棒状または、B字のように結んだ塩味のドイツのクラッカー。アメリカでは、スナックとして人気がある。ソフトプリッツは、アーミッシュの家庭でよく作られ、パンのように大きくて柔らかい。

＊53頁　アイスクリーム

現在、ランカスター郡のアーミッシュはほとんどガス式冷蔵庫を持っている。しかし、冷凍庫を利用することは少ない。使用しても、冷凍庫の中は、保存食で一杯なので、アイスクリームは滅多と口にしないぜいたく品である。特別な来客がある時や誕生日以外は食べない。

＊58頁　鐘

アーミッシュの学校の建物は、作りがほぼ決まっている。ほとんどが一教室制であるが、二教室の学校もある。新しい学校には、地下室があり、天候が悪い時に遊べるようになっている。玄関は通常、教室の後ろにあり、玄関を入るとクロークルームがある。ここにこどもたちは、コートや帽子、弁当箱を置く。教師の机は教室の前方にあり、黒板の上にはアルファベットのつづりがかけてある。窓や壁には、きれいな絵が飾られている。屋根の上には鐘がつるされており、教師は、休み時間が終ると、教室内に垂れ下がっている鐘の紐をひっぱって鐘を鳴らす。

＊61頁　トイレ

昔、アーミッシュの家庭のトイレは屋外にあった。現在は、古い地区以外、屋内に設置されているが、学校のトイレは今も外に建てられていることが多い。二人ずつ入れるように、二つの洋式便器がドアで隔てることなく、並んでいる。

＊61頁　水飲み
学校の建物の外にある井戸を使う。井戸水を管で建物の中まで引いている場合もある。水質検査済みである。

＊61頁　馬の自慢
アーミッシュは、小さなこどもでも農作業を手伝う。特に男子は、馬の手入れから、馬の操縦までをこなす。農家でない家庭でもバギー用に馬を飼っており、アーミッシュにとって、馬は家族の一員とみなされるほど重要である。

＊61頁　生後一〇週間の赤ちゃん
アーミッシュのこどもの数は一家庭当たり平均六・六人にもなるので、こどもの世話は、兄や姉の仕事である。こどもは三歳ぐらいになると、もう赤ちゃんの世話をし始める。

＊65頁　ラウンドクロック
ダーツの遊び方の一種。ダーツボードのナンバーの一から順に、二〇までダーツを一本ずつ投げ入れていき、早く入れた人が勝ちとなる。

＊65頁　スコアフォー
立体四目並べのこと。四本づつ、縦と横に柱が立っており、その柱に丸い玉を入れて、五目並べのようにして遊ぶ。

＊65頁　ソリー
サイコロを振って、コースを回るレースゲーム。自分の駒を一周させてゴールインする。

＊65頁　クォート、パイント
容量の単位。一クォートは、約〇・九五リットル、一パイントは二分の一クォート、約〇・五七リットルである。

＊68頁　教師用ガイドブック
『ブラック・ボード・ブルテン』誌からの記事を集めて編まれた本に、*Chalkdust,* Pathway Publishers, 1991; *School Bell Ringing* Pathway Publishers, 1991; *Tips for Teachers,* Pathway Publishers, 1970; *Teacher's Talk,* Pathway Publishers, 1973がある。他に、*Schoolteachers' Signposts,* 1985; E.M. White, *School Management and Moral Training,* Gordonville Print Shop, 1994; D. L. Martin, *Handbook for Creative Teaching,* Rod and Staff Publishers, Inc., 1986などがよく使用される教師用ガイドブックである。

＊69頁　独自の教科書出版
ランカスター郡のアーミッシュの学校で現在利用されている教科書は、「国語」が一九五〇年代、「算数」が一九八九年、「歴史」が一九六〇年代に出版されたものである。

＊71頁　おとぎ話や神話
多くのアーミッシュは、真実でないことが書かれている本を教科書や参考図書に用いるのを好まない。例えば、動物が話したり、人間のように振舞ったりする話が載っている本はなるべく使わないようにしている。

訳者が訪れたアーミッシュの学校では、世界中の国々について書かれた本も置かれており、「新幹線」について質問する男の子もいた。

＊72頁　写真
アーミッシュは写真を撮ったり、撮られたり、飾ったりすることをよしとしない。偶像崇拝につながるからだ。許可なく他人の写真を撮ることも非礼にあたる。しかし、多くの旅行者は無断でアーミッシュを被写体にする。彼らは、怒ることなく、足早に去る。

＊73頁　禁止
訳者が車で友人のアーミッシュの学校を訪れた時、こどもたちは外でソフトボールをしていた。構内

に車を止めたとたん、教師は、こどもたちが近寄るのを制し、険しい表情でこちらに歩いてきた。しかし、知り合いだと分かると、急に表情がなごんだ。

＊74頁　教室の見学

アーミッシュは一般に、一見の客に対して、にこやかに接することはない。外の世界の人々に対する警戒心が大きいからだ。ただし、一度顔見知りになると、とても親切である。訳者も、学校の先生と親しくなり、彼女の学校を訪れることができた。最初はこどもたちがいない時、そしてもう少し親しくなってから、こどもたちがいる時に訪れることができた。この時、こどもたちはやはり歌をうたって歓迎してくれた。

＊75頁　家事

アーミッシュのこどもたちは、幼い時から家の仕事を手伝う。女の子は料理、掃除など母親の手伝いを、男の子は、主に父親から農作業を習う。ただし、男の子も女の子も、妹や弟の世話や農作業の手伝いをする。

＊80頁　壁掛け式の地図

教材は、公立小学校で利用されているものと同じである。訳者が訪れた学校の地図（世界地図）も新しいものだった。教師が申し出れば、必要な教材は教育委員会が購入する。

＊82頁　キツネとガチョウの遊び
一五のガチョウの駒で一つのキツネの駒を隅に追い込む「一六むさし」の類のゲーム。

＊86頁　教育委員会
アーミッシュの教育委員会に対して、アメリカでは、教育委員会の設置は、州憲法や州教育法等によって定められている。多くの州では、州知事などによる任命制である。委員は、九名から一一名のところが多い。任期は二年から九年と州によって様々である。州教育委員会は三ヶ月に一度のペースで審議をおこなう。多くは無給である。教育委員会が定めた政策は、州教育局によって実行される。その業務は、公立初等・中等学校の財政、義務教育の年限、年間授業数、初等・中等教育での指導教科、分野、免許など多岐にわたっている。

＊86頁　女性は委員にならない
アーミッシュの場合、性差による役割が決まっている。女性が教育委員会の委員、教会のリーダー（監督、説教者、執事）などの表舞台に出ることはない。しかしこれは差別ではない。

＊92頁　若い独身女性
一六歳ぐらいから結婚前の女性が教師となる場合が多い。結婚しなかった場合は、ずっと教師を続け

ることができる。ただし、教師の収入は少ないので、既婚男性の場合は、家族を養える金額にまで上乗せされる。独身女性の教師も、夏休みなどは、パイやパン焼きの手伝いなどのアルバイトをすることが多い。

＊92頁　メノナイト

アーミッシュと同様にアナバプテストから発している。教義は似ているが、信仰実践のやり方と信仰の実生活への生かし方が異なっている。メノナイトの方が、一般に、外の世界に対する警戒心が弱い。電気、教育、車の所有等についても寛容であり、布教活動もおこなう。メノナイトの中でも伝統に固執するグループをオールド・オーダー（保守派）・メノナイトと呼んでいる。

＊95頁　学位（大学卒）

アメリカの教員養成は、すべて大学の高等教育レベルでおこなわれる。したがって、学士号が最低資格であり、さらに修士号を求められることも多くなってきている。しかし、アメリカの教員の待遇はあまり良くないし、人材も常に不足気味である。

＊95頁　高等教育機関

アーミッシュのこどもの中には、成績優秀で、もっと勉強を続けたいと願う子もいる。しかし、高等教育機関に行くことは、シャニングを意味し、アーミッシュから離脱しなければならない。多くの人は断念するが、皮肉なことに、今日、アーミッシュ研究が進んだのは、アーミッシュを離脱して、高等教育を受けた人々（学者）によっていることも事実である。

＊95頁　教会のリーダー
一人の監督（Bishop）、二人の説教者（Preacher及びMinister）、一人の執事（Deacon）から構成される。

＊95頁　運転手を雇う（アーミッシュ・タクシー）
アーミッシュは自動車を利用するが、車の運転や所有は禁じられている。そこで、遠出の必要がある場合には、非アーミッシュの運転手を雇う。学校の送り迎えなどは、メノナイトのドライバーの場合が多い。

＊98頁　ラジオとテレビ
アーミッシュは外の世界とつながる電気の利用を拒否しているので、テレビは禁止である。電池は一般に許可されているが、ラジオも外の世界とつながるという意味で禁止されている。

＊107頁　祝日
クリスマスの二日間、感謝祭の一日、聖金曜日（イエスの受難記念日）の一日が祝日である。復活祭の翌日やユリウス暦での旧クリスマスが祝日となる学校もある。

＊107頁　夏休み
五月から八月末までが夏休みである。これによって、農作業が忙しい春夏の期間、こどもたちは農業の手伝いをすることができる。農作業がほとんどなくなる冬の間に学校に行くようになっている。

＊110頁　ボンネット
アーミッシュの女性は、冬は黒色の古いタイプのボンネットをかぶる。

＊110頁　イニシャル
アーミッシュの衣服はほとんど同じ色や形なので、自分のものかどうかを即座に見分けることはできない。また、同じ名前が多いので、イニシャルにはミドルネームが入っていることが多い。

＊112頁　アーミッシュ独特の調子
アーミッシュの歌を最もよく特徴づけるのが「アウスブント（Ausbund）」と呼ばれる讃美歌である。スイス・アナバプティストによって書かれ、アナバプティストへの迫害が記録されている五一篇の賛美歌は、その後一四〇篇の歌集となった。アーミッシュは、歌詞は暗記で、無伴奏、ユニゾンでゆっくりと、一つの賛美歌を一五分以上かけてうたう。こどもたちもよく口ずさんでいる。

＊115頁　家具屋
アーミッシュは農業が生業であるが、土地価格の高騰から、ランカスター郡で農業を営むことは難しくなってきた。このため、西へと移住が進み、現在はアイオワ州に最も多くのアーミッシュが生活している。この地を離れたくない人は、家具、木工細工、馬関連の家内工業等を設立したり、そこへ働きに行ったりして生計を立てている。

＊119頁　ジェイコブ・ストルツフス
アーミッシュは、スイス・ジャーマン系であり、同じ姓が多い。ストルツフスも典型的なアーミッシュの姓の一つである。他に、フィッシャー、ラップ、ズーク、キング、ベイラー、コフマンなどがある。

＊119頁　スペリングビー
つづり字競技の一種。

＊122頁　規律としつけ
この二つは、アーミッシュにとって重要なことがらである。家庭でのこどものしつけは厳しい。アーミッシュのライフスタイルを守って生活していくことは、一般社会よりも規律としつけが重視されなければ不可能なためである。

＊123頁　ベイクドビーンズ
完熟したインゲン豆を塩漬け豚肉、トマトソースなどと一緒に香辛料を加えて調理したもの。缶詰で多く売られており、アメリカで一般に食されている。アーミッシュも裏庭でとれたインゲン豆を瓶詰めにして保存し、よく食べる。

＊124頁　配偶者
アーミッシュは、ごくわずかの例外を除いて、アーミッシュとのみ結婚する。一般に女性は一九歳～二〇歳で結婚する。プロポーズは男性からのみなされるので、男性の独身者は少ない。

＊128頁　障害児学校
二〇〇一年現在、ランカスター郡には、障害児用の学級が一六あり、そのうちの一四は独立した障害児学校である。

＊131頁　フラッシュカード
生徒に一瞬だけ見せて、覚えさせるための学習用カード。ドイツ語のつづりや、英単語のカードが多く使われている。

＊138頁　ＬＹＤＩＡ

リディア。アーミッシュ女性に比較的多い名前。

＊140頁　服の縫い方
アーミッシュ女性は、家族全員の服を自分で作る。服地を大量に買い、空いている時間をみつけては、ミシンを踏む（電気を使わないので、ミシンは南の窓際に置いてある）。型紙は、友人からもらったり、母親に教えてもらう。

＊140頁　バギー
アーミッシュを象徴する四輪馬車で、他にオールド・オーダー・メノナイトなども使っている。木の車輪に鉄の輪がはめてある馬車を、通常、一頭の馬が引っ張って走る。バギーは、アーミッシュの工作所で作られる。幌のないオープンバギーと覆いがかかったマーケットバギーに大別されるが、細部はコミュニティによって少しづつ異なっているので、百種以上のバギーが存在する。バギーには、バッテリーで作動するライトと方向指示器が取り付けられている。また、夜間の交通事故防止のために、後部に三角形の赤い反射板がついている。ランカスター郡のアーミッシュのバギーは、覆いの箱の上部が灰色であるが、他のコミュニティでは、黄色や白のものもある。

＊142頁　高校
この両親の場合、州の義務教育規定により、こどもを高校へ入れねばならなかった。一五歳までの義

務教育は、九年目の一年間、高校に通うことを意味する。アメリカでは、学校が統合されているため、高校にはバスで通うことが多い。高校通学によって、人生で最も大切な時期に、重大な意味を持つ友人関係を外の人たちとの間で築くことになる。そうすると伝統的なアーミッシュの価値に必ず疑問を持ち、農場から離れてしまうことになる。また、高校通学は、個人主義、競争、合理主義、世俗主義にこどもたちをさらしてしまうとアーミッシュは考えている。

＊144頁　料理や菓子作り
アーミッシュの女の子は、六歳頃から家事を手伝い始め、一一歳頃には一人で料理を作れようになる。アーミッシュの日常食にもパイはよく登場するが、女性は、空いた時間にパイ、クッキーやパンを焼いて、道端のスタンドで売り、生計の足しにすることが多い。これらは「アーミッシュ・ブランド」として、観光客に人気がある。

【解説】

生活知としてのまなびの豊かさ

――アーミッシュの教育と現代社会――

杉原利治

本書は、アーミッシュの学校、特にアーミッシュ社会の歴史的・文化的中心地であるペンシルベニア州ランカスター郡におけるアーミッシュ学校について述べたものである。

アーミッシュの教師らによって平易に記された本書は、これまで伺い知ることができなかった学校の内実や障害児教育について知らせてくれる。背景となる彼らの特異な生活と社会については訳注でも少し説明を加えたが、詳細は、社会学者クレイビルの著書（D・B・クレイビル、杉原利治・大藪千穂訳『アーミッシュの謎』論創社、一九九六年）をお読みいただきたい。

本書に意気込んで臨まれた読者のなかには、少々拍子抜けの方もおられるかもしれない。本書に記されたアーミッシュの教育は、前近代的ではあるけれども、特別なものではないからである。にもかかわらず、当たり前の教育がなされていることへの驚きと新鮮さを、多くの人が感じるのも事実である。それは過ぎ去ったものへの郷愁ではなく、彼らの教育のなかに、現代社会が見失ってしまった教育の本質を見いだすことができるかもしれないとの直感がはたらくからではないだろうか。

アーミッシュの教育は、一言でいうならば生活教育である。その目的は、独自のライフスタイルを生涯にわたって続けるのに必要な能力を涵養することにある。したがって、教育は、こどもたちが誕生したときからはじまり、成人にいたる（再洗礼を受け、アーミッシュとして生きていくことを決める）まで不断になされる。そして、それは、家庭と学校の両方によって担われるのである。

アーミッシュの教育の特徴は、公教育との関係に端的にあらわれている。世俗的な世界からの分離を主張し、マスメディアをはじめ外の世界との接触を制限し、独自の生活世界を築き実践している彼らが、現在のアメリカの公教育と相容れないのは必然かもしれない。

アーミッシュの教育を考えるにあたり、まず、アメリカの公教育とアーミッシュの学校の関係を歴史的に概観してみよう。

アメリカの公教育とアーミッシュ

移民によって近代国家が設立されたアメリカでは、一七、一八世紀、ヨーロッパからの入植者たちが、宗派ごとに、彼らのための学校を設立し運営していた。たとえば、ペンシルベニア州ランカスター郡では、すでに一七一〇年代、迫害を受けてスイスから移住したメノナイトが学校を設立した。その後、モラビア教徒、クェーカー、プロテスタントたちが、次々と教会学校を設立した(C. S. Lapp, "Pennsylvania School History", Gordonville, 1997, pp. 28-39)。

このように、一八世紀までの学校は、ほとんどが宗教上の私学校であった。アメリカの近代的公教育制度が確立、発展したのは、次世紀に入ってからである。一九世紀に起こったアメリカ産業革命にともなう労働人口の増加、農村部の都市化現象がその背景にある。一八五二年、マサチューセッツ州で、初等教育の義務化がはじめて法制化された。さらに、南北戦争後の社会安定期にはいると、全米各州で続々と義務教育の法制化がすすんだ。一八八七年には二四州、一九一五年には四二州と三区が、そして一九二九年にはすべての州で義務教育が法制化された。（梅根悟監修『世界教育史大系17　アメリカ教育史I』講談社、一九七五年、二一〇～二一五頁）

それにともない、全米各地で次々と公立学校が設立された。一八三七年には一校のみであったランカスター郡の公立学校は、一八七七年には二〇校に増加した（C. S. Lapp、前掲書）。五～八才の児童の就学率も、一八七〇年の五七％から、一九一八年は七五％以上、一九二〇年には九〇％以上に増加した。（R・F・バッツ、L・A・クレメン『アメリカ教育文化史』渡部、久保田、木下、池田訳、学芸図書出版、一九七七年、四七四～四七七頁）。

しかし、このような変化が、ただちにアーミッシュを自分たちの学校設立へと駆りたてたわけではない。彼らが、自分たちで学校を運営し、独自の教育を本格的におこなうようになったのは二〇世紀半ばからである。

それまで、アーミッシュのこどもたちはほとんど地域の公立学校へ通っていた。一九世紀の産業革命はアメリカの都市生活を一変させたけれども、アーミッシュが暮らす田園地帯は、二〇世紀に入ってもまだ一九世紀の公教育のスタイルを色濃く残していた。すなわち、地方では、公立学校の多くが一教室制であり、読み、書き、算数(3R)を中心とした教育がなされていた。また、アーミッシュの親たちも、こどもたちが、非アーミッシュのこどもたちと交わることをむしろ好ましく思っていたのである。

同様の事情は、教育だけでなく、アーミッシュ社会全般についてもあてはまる。現在でこそ、アーミッシュと外の社会とでは非常に大きく異なっているけれども、一九世紀の産業革命を経た後も一九三〇年代までは、アメリカの農村部ではアーミッシュも非アーミッシュもそれほど異なった生活をしていなかった。それどころか、彼らは、当時、農業機械をはじめとして、文明の利器に敏感であり、物財によっては、まわりのアメリカ人よりも早く使い始めていた。むしろ、アーミッシュの方が、生産、消費ともに活発な活動をおこなっていたのである。

アーミッシュが近代社会と異なった途をあゆみはじめたのは、一九三〇年代の大恐慌後である。アメリカ社会は、この時期から、エネルギー、資源の消費量を急増させはじめた。エネルギー・資源浪費型の大量生産、大量消費社会が急速に進行し、外の世界は大きな変貌をとげた。ニューディール政策を契機とした消費社会の進展が、両者の隔たりを急速に拡大させたのである。アーミッシュの側にたつならば、外の世界が、産業革命を契機とした社会変化を、この時期に急加速させたのである。それは、アメリカ社会の隅々にまでおよぶ田園の都市化、農業から工業への転換としてあらわれた。一方、アーミッシュの方は、外の世界との関わりを極力避け、非常にゆっくりとしたペースで近代化をすすめてきた。その結果、アーミッシュと外の社会とのライフスタイルの違いは、極めて大きくなったのである（杉原利治『21世紀の情報とライフスタイル――環境ファシズムを超えて』論創社、二〇〇〇年、二〇四～二二六頁）。

このような社会の急変にともない、アメリカの教育も大きく変化した。それは、小規模学校の統廃合による大規模校への転換となってあらわれた。学校統合の論理は、①貧富の差によらない平等な教育、②すぐれた教師の確保、③良質のカリキュラムの提供、④専門的な教育指導と学年別クラス編成、⑤生徒と地域社会への利益還元、⑥学校運営、管理の合理化などが、学校規模を大きくすることによって有効になされるというものであった（C. P. Loomise and J. A. Beegle, Rural Social Systems, Englewood Cliffs, 1950, pp. 490-491）。

しかし、これらは、アーミッシュにとって価値観やライフスタイルをおびやかす驚異であり、決して受け入れられるものではなかった。たとえば、相互扶助をモットーとし、貧富の差が小さな彼らには経済的理由はほとんど問題とならなかった。実際、彼らは、現在、アーミッシュ学校のみならず州政府にも公立学校のための学校税を支払っている。

また、すぐれた教師やカリキュラムとは、彼らの価値観とライフスタイルを理解し、維持し、発展させる教育を可能にするものでなければならない。世俗的な外の世界からの分離を唱える彼らにとって、マスメディアを活用した新しい教育や3R（読み、書き、算数）を大きく逸脱した教育は有害である。

彼らは学年別編成による無機的な競争の教育ではなく、おなじ教室で上級生と下級生とが学び、教えあうことが重要であり、それによって家族や共同体を基盤としたアーミッシュの生活を支える人間関係をつくりあげることができると考えている。教師、両親、そして教育委員会が緊密な関係を保ちながら学校の運営はなされるべきであり、広域の教育委員会制度のもとでは、画一的な教育しかなされず地域とのつながりも極めて薄くなってしまう。さらに、徒歩やバギーではなく、スクールバスによってしか通えないほど学校が遠くなれば、家庭・地域と学校との隔たりは彼らにとって耐え難いほど大きくなってしまうのである。

学校の統合化とともに、公立学校に反対するもうひとつの大きな理由は就学年限の引き上げであった。義務教育の法制化の進行とともに、就学期間が長くなったのである。

初期の義務教育法では、就学年限を八才から一四才までの六年間とするものが多かった。一八八七年の調査では、義務教育法を施行していた二四州のうち一一州までがこれに該当した。ついで、八年間が五州であった。しかし、立法化が進むにつれ就学年限も延長された。一九一五年には、二一州が八年間の就学年限を採用した(八~一六才までが一七州、七~一五才までが四州)。九年間の州も一〇州にふえた。そして、一九三五年には、就学年限を九年間とする州が二四州二区とほぼ半数におよんだ。七~一六才の九年間を義務教育期間とする、現行制度の大筋が成立したのである（梅根悟監修、前掲書）。

八年間の教育で十分だと考える彼らの上に、九年間を強制する義務教育制度が大きくのしかかってきた。学校を終えたら農業を中心とした職業にこどもたちを就かせ、アーミッシュ流の生活を本格的にはじめさせようとする彼らにとって、九年目の教育は無駄なばかりでなく、ハイスクールへの通学によって、外の世界との交わりが増すことを意味したのである。

このように、公教育によって多民族国家をまとめ上げようとする合衆国と独自のライフスタイルと自治を固守するアーミッシュとの間には、様々な摩擦が生じた。そして、学校教育をめぐる争いは、兵役拒否とともに、最も激烈なものとなったのである。

一九一九年、オハイオ州で最初の衝突が起こった。こどもを高校へ通わすことを拒んだため、三人のアーミッシュの父親に罰金が科せられた。一九二二年には、五人の親が逮捕され、八人のこどもたちは家族から引き離されて青少年施設に入れられた。オハイオ州以外にも、ペンシルベニア、デラウェア、アイオワ、カンザス州などで争いがおこった。アメリカの教育制度は州によってかなり異なるので、アーミッシュと学校当局との軋轢の状況も州によって異なるが、その後五〇年間にもわたって、全米各地において、アーミッシュは州当局や公立学校と対立せざるをえなかった（D. B. Kraybill ed. "The Amish and the State", The Johns Hopkins University Press, 1993, pp. 87-106）。

公立学校をめぐるアーミッシュと当局との紛争は、ウィンスコンシン州の係争から発した有名なヨーダー判決まで続いた。ウィンスコンシン州にアーミッシュが入植したのは、比較的最近（一九六二年）である。入植地において、彼らが必ずしも快く迎えられなかったこともあり、こどもを高校へ通わせなかった父親に罰金が科せられた。

この事件は裁判となり、一九六九年、地方裁判所では有罪となったが、下級審のこの判決は州の高裁でくつがえされ、争いは最高裁にまでもちこまれた。そして、一九七二年、最高裁は、八年制のアーミッシュ学校を正式の学校として認めたのである。

しかし、この判決は、彼らの学校においてアーミッシュ教師を認可したものではない。したがって、教師の資格をめぐり、その後も各地でいざこざが続いている。たとえば、一九七八年、ネブラスカ州に小さなアーミッシュ共同体ができ、アーミッシュ学校も設立された。しかし、州当局は、教育を担うことができるのは正式の免許をもった教師のみであると強硬に主張した。そこで彼らは、一九八二年、裁判に訴えるよりも、この地を去ることを選択したのである。現在、ネブラスカ州にアーミッシュの居住地はない。

徹底した平和主義者で、争いを好まないアーミッシュが、裁判に訴えることはまれである。ヨーダー裁判が最高裁まで継続し、勝利したのは、非アーミッシュの支援者の力によるところが大きい。実際には、ネブラスカ州のような、訴訟以外の途をとるケースの方がずっと多いと思われる。

アーミッシュ学校の現在

このような半世紀にわたる経緯をへて、アーミッシュは自分たちの学校をつくり、運営してきた。

最初のアーミッシュ学校は、一九二五年に設立されたアップル・グローブ・メノナイト校（デラウェア州）である。ペンシルベニア州ランカスター郡には、一九三八年、オーク・グローブ校が開校した。一九四〇年の時点では四校にすぎなかったアーミッシュ学校は、その後全米各地で急速に数を増した。新たに設立されたアーミッシュ学校は、一九四〇年代に九校、五〇年代に四六校、六〇年代に一四八校、七〇年代に一七三校、八〇年代に一九八校と急増し、九〇年代には四四三校もの学校が開校した。

アーミッシュが学校を設立したのは、彼らを取り巻く環境が険しいものとなってきたからであるが、アーミッシュ社会自身の要因も見逃せない。それは、一九五〇〜六〇年代に始まるアーミッシュ人口の爆発的増加、すなわち、アーミッシュ社会の膨張である。人口が増し、共同体が各地に誕生すれば、アーミッシュ社会と外の世界との摩擦は飛躍的に増加する。だが、ア

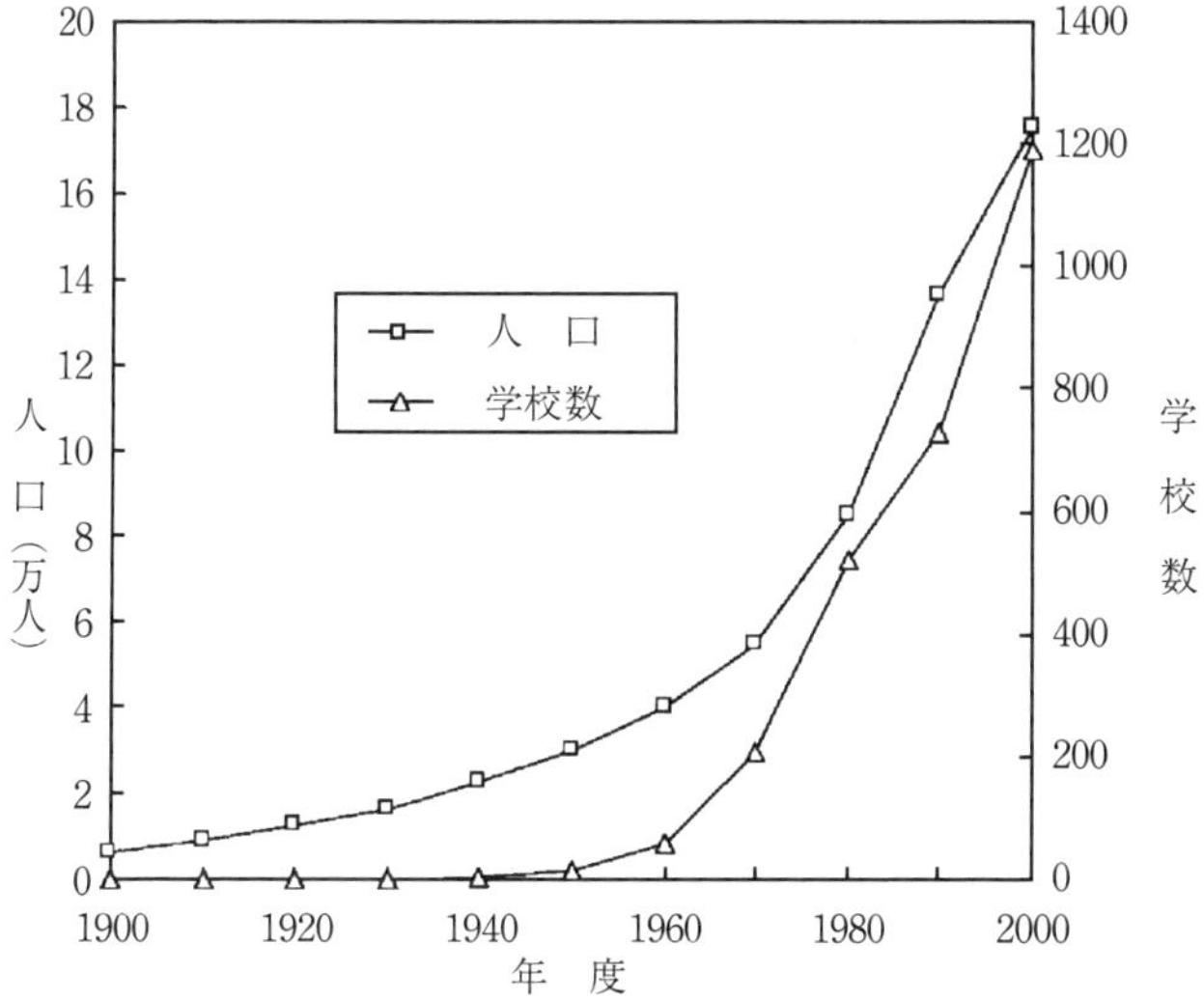

図1　アーミッシュ人口と学校数の推移

（人口は、On the Backroad to Heaven, D. B. Kraybill & C. F. Bowman ed., The Johns Hopkins University Press, 2001, p134より。学校数は、The Blackboard Bulletinより）

ーミッシュ社会の膨張は、他方では、問題を自分たちの力で解決しようとする意思とその裏付けとなる経済力が彼らに備わってきたことをも意味している。実際、アーミッシュの人口が増加し、少し遅れて、それを追うかのように、アーミッシュ学校も増加してきたのである（図1）。

最近四半世紀のアーミッシュ学校数、生徒数、教師数の変化をもう少し詳しく見てみよう（図2）。

この間に、学校数は三倍、教師数は八倍、生徒数は二倍半に増加した。生徒数の増加よりも、学校や教師数の増加率の方が大きく、

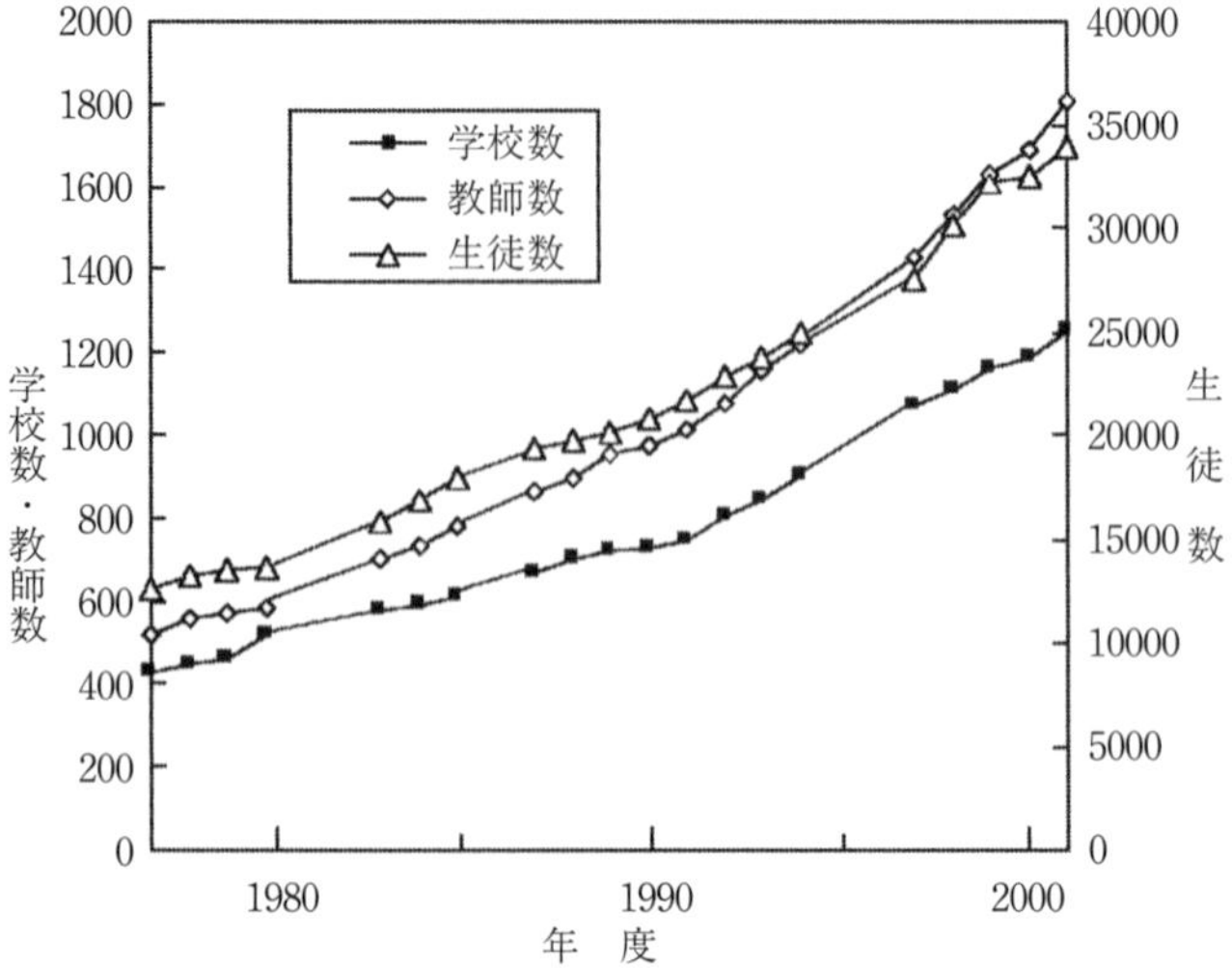

図２　アーミッシュ学校・教師・生徒数の増加

（The Blackboard Bulletinのデータより）

その結果、一校当たりの生徒数は二九・四人から二七・〇人へ、教師一人当たりの生徒数は二四・〇人から一八・七人へと低下し、一校当たりの教師数は、一・二人から一・四人へと漸増している。このように、アーミッシュ学校の教育条件は、次第に整備されてきている。

アーミッシュ学校の現状をもう少し詳しく見てみよう（表１）。

二〇〇一年現在、全米二四州に一二五二校のアーミッシュ学校があり、三万人以上の生徒が学んでいる。学校の規模では、教師一人だけの学校が六七六校と全体の半数を占めている。これらは、一教室一教師の単級学校である。

表1　アーミッシュ学校の現在

州名	学校数	生徒数	教師数(助教師,障害児学校教師)	障害児学校・学級数(学校数)	最多生徒数	最少生徒数	設立年度
デラウェア	10	322	16 (3,0)	0	46	25	1925
イリノイ	28	658	45 (3,0)	0	42	2	1966
インディアナ	136	5290	292 (5,24)	24	149	11	1948
アイオワ	44	848	62 (7,0)	0	33	2	1946
カンザス	2	51	3 (0,0)	0	28	23	1995
ケンタッキー	38	990	52 (2,1)	1 (1)	71	11	1969
メイン	1	25	2 (0,0)	0	25	25	2001
メリーランド	6	150	7 (0,1)	1	35	21	1967
ミシガン	67	1530	93 (4,1)	1	72	8	1970
ミネソタ	22	439	24 (2,0)	0	40	12	1974
ミシシッピ	1	22	1 (0,0)	0	22	22	2000
ミズリー	59	1167	74 (7,0)	0	36	6	1948
モンタナ	4	58	5 (0,0)	0	25	6	1994
ニューヨーク	46	1170	53 (1,0)	0	40	8	1980
ノースキャロライナ	1	17	2 (0,0)	0	17	17	2000
オハイオ	259	8077	450 (25,17)	17	75	6	1944
オクラホマ	2	48	5 (0,0)	0	26	22	1987
オンタリオ	31	724	46 (2,1)	1	33	6	1953
ペンシルベニア	357	9192	411 (16,27)	16 (14)	50	10	1938
テネシー	16	441	19 (1,0)	1	33	18	1945
テキサス	2	26	2 (0,0)	0	20	6	1999
ヴァージニア	3	66	5 (0,0)	0	25	18	1993
ウェストヴァージニア	2	20	2 (0,0)	0	16	4	1996
ウィスコンシン	115	2535	137 (3,3)	1 (1)	40	9	1960
計	1252	33866	1808 (81,75)	63 (16)			

(The Blackboard Bulletin, 2001年12月号より)

しかし、教師が二人の学校も四〇〇校と約三割にのぼり、三人の学校が六五校、四人校が七校、そして、五人の教師がいる学校も二校ある。

最大規模の学校は、生徒数一四九人、最も小さな学校は、生徒数二人である。州別の学校数では、ペンシルベニア州が三五七校、ついでオハイオ州二五九校、インディアナ州一三六校である。生徒数はペンシルベニア州が最も多いが、オハイオ州、インディアナ州でも多くのこどもたちが彼らの学校へ通っている。内陸部のアーミッシュ人口は、現在、ペンシルベニア州を越えているので、これらの州では、今後も、相当数の学校が設立されるだろう。

一八〇〇人余の教師（約四％が助教師）のうち、ペンシルベニア州のみならず、オハイオ州やインディアナ州にも多くの教師がいる。この二州では、現在、相対的に、ひとつの学校に多くの生徒が通い、多くの教師が教えていると思われる。実際、アーミッシュ学校の平均生徒数は、二七・〇人であるが、インディアナ州は、平均三八・七人（最大規模校一四九人）、オハイオ州は平均三一・〇人（最大規模校七五人）である。一方、ペンシルベニア州の平均生徒数は、二五・七人（最大規模校五〇人）である。

障害児のための学校や学級は、六三開設されている。やはり、アーミッシュが多く住んでいるオハイオ、インディアナ、ペンシルベニア州に集中している。その多くは通常のアーミッシュ学校に併設された障害児学級であるが、ペンシルベニア州では独立した障害児学校が多い。

教育の内容と方法

増加の一途をたどるアーミッシュ学校の教育を、その内容、方法、そして制度、環境・条件から考察してみたい。

アーミッシュの学校教育では、読み、書き、算数のいわゆる3Rが基礎教科である。その他、保健、歴史、地理も教えられることが多い。一部の学校では、美術や農業が科目に入っている。通常、理科は教えないが、教える学校もわずかにある。アーミッシュ学校設立当時は、公立学校の教科書がそのまま使われていたが、現在は、それを印刷し直したり、独自の教科書を新たに編纂し、使用している。パスウェイ社(カナダ・オンタリオ州)とゴードンビル社(アメリカ・ペンシルベニア州)が、教科書や教材、教師向けの資料、通知表などの出版元である。

アーミッシュ教育の特徴を、パスウェイ社の算数と保健の教科書の内容から探ってみよう(杉原利治、大藪千穂「環境共生型ライフスタイルと情報——アーミッシュと近代社会の比較分析」、『地球環境研究』五三号、一三一～一五二頁、二〇〇二年)。

算数は、一九二〇年代の終わりから三〇年代にかけて出版された教科書を基にしている。一、二年生は、教科書でなく、ワークブックを使用している。「数と計算」「量と測定」「図形」「数量関係」、そして彼ら独自の「生活」「農業」を項目として加え、教科書の内容を分類し、現在のアメリカの教科書と比較してみた（表2）。

両者ともに、「数と計算」が内容の半分以上を占めており、特に低学年において重点的に教えられている。しかし、アーミッシュの算数では、「図形」にあまりウェイトがおかれていない。そのかわり「量と測定」を、各学年でくり返し学ぶ。

また、「生活」「農業」などの領域にも、「量と測定」の応用が多くなされている。その割合は、学年が上がるにつれて増え、七、八、八プラス年で急増する。利益と損失の計算法、小切手の切り方、ガスメーターや銀行預金の読み方、土地の測り方、牛の餌の計算などである。彼らは、算数を実生活や農業に役立てるべく、学校で学ぶのである。このようにアメリカの教科書が広い範囲の内容を各学年にわたって扱うのに対して、アーミッシュは四則演算のような基本をくり返し教えた後、上級生になると、実生活への応用をはかるのである。

一方、保健の教科書はどうであろうか。保健教科書は、一九五〇年代に編まれたものを再出版して使用している。その内容を、現在のアメリカの教科書で採用されている一〇領域に従って分類し、比較してみよう（表3）。

アメリカの保健の教科書が各領域を各学年にわたってまんべんなく扱っているのに対して、アーミッシュでは、学年によって扱い方が大きく異なっている。「体の健康」が一年から五年

算数の教科書：アーミッシュ（上）、アメリカ（下）

にかけて重点的に教えられ、六年で「栄養」、七年で「成長と発達」、八年で「安全と予防」へとうつる。一方、アメリカの教科書は、多領域をくり返し扱う。特に、「タバコと麻薬」については、幼稚園からずっと、約一割の分量をさいている。アーミッシュの教科書ではわずかしか記述していない。

　このようにアーミッシュの保健教科書は、こどもの年齢によって重点の置き方が変わる。学年が上がるにつれ、基礎的なことがらから次第に高度で応用的なこと、彼らの現在の生活において必要なことへと変化する。また、社会環境に関連した事柄の記述は少ない。これは、彼らの生活が家庭とコミュニティですべて完

表2　算数の教科書の内容分野の割合（%）

アメリカ

内容分野	1年	2年	3年	4年	5年	6年	7年			平均
数と計算	78.5	73.7	71.8	75.6	62.4	56.0	28.0			63.7
量と測定	16.8	14.8	11.3	8.1	14.3	13.7	0.0			11.2
図　形	4.7	11.9	10.2	9.6	9.0	7.8	30.0			11.8
数量関係	0.0	0.0	6.8	6.6	14.3	22.4	42.0			13.1

Math Central Grade 1-6, Houghton Mifflin, 1999; Foundation of Algebra and Geography, Scott Foresman Wesley, 1998

アーミッシュ

内容分野	1年	2年	3年	4年	5年	6年	7年	8年	8プラス年	平均
数と計算	70.6	57.1	73.0	70.5	100.0	59.5	18.2	11.8	25.8	54.0
量と測定	11.8	28.6	13.5	11.4	0.0	16.7	18.2	20.6	16.1	15.2
図　形	5.9	0.0	0.0	9.1	0.0	4.8	20.5	14.7	0.0	6.1
数量関係	11.8	14.3	13.5	9.1	0.0	9.5	15.9	14.7	3.2	10.2
生　活	0.0	0.0	0.0	0.0	0.0	9.5	27.3	38.2	16.1	10.1
農　業	0.0	0.0	0.0	0.0	0.0	0.0	0.0	0.0	38.7	4.3

G. D. Strayer & C. B. Upton, Strayer-Upton Practical Arithmetics, Gordonville, 1996;
T. H. Fenske, R. M. Drake and A. W. Edson, Arithmetics in Agriculture, Gordonville, 1981

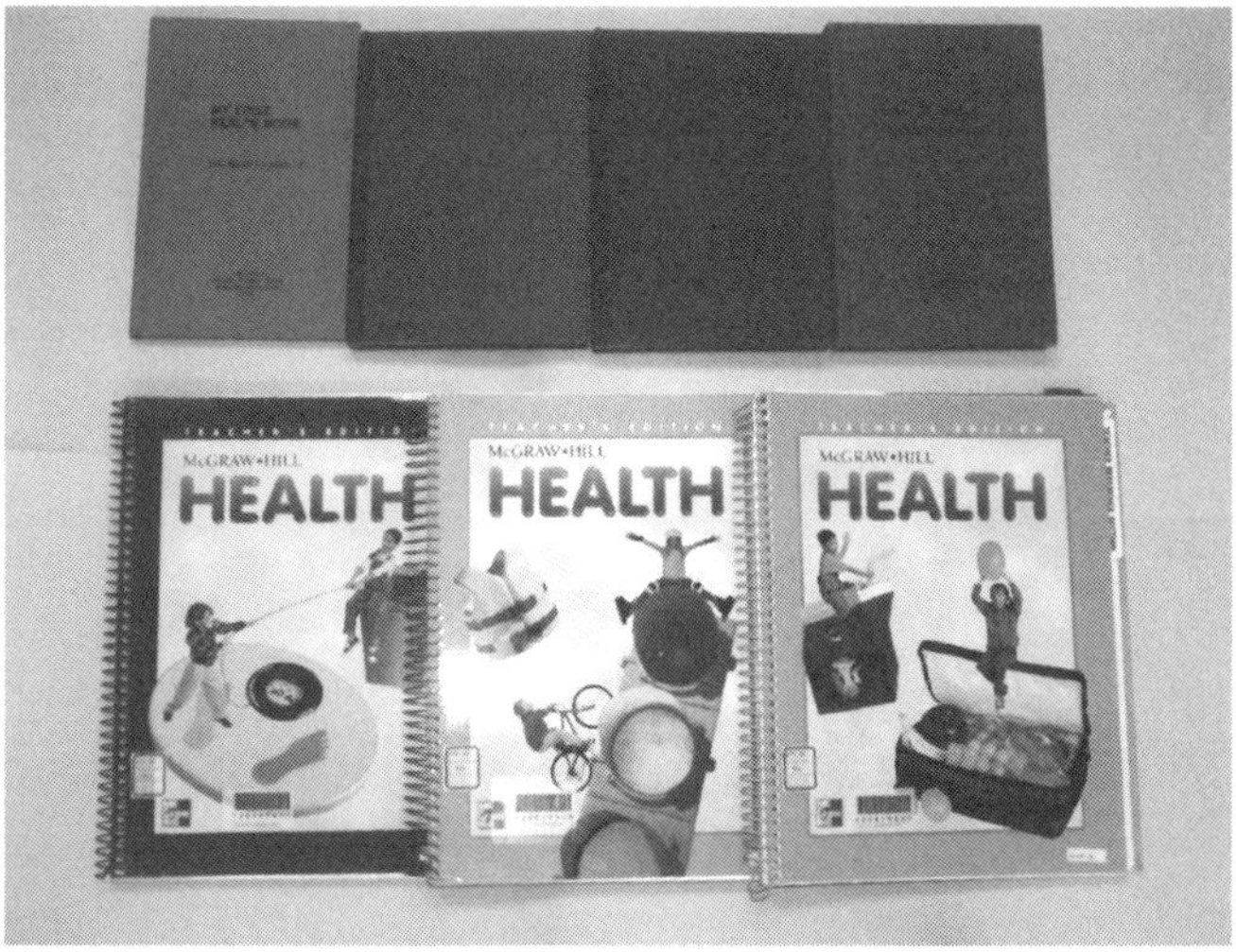

保健の教科書：アーミッシュ（上)、アメリカ（下)

結していることの反映である。危険についても、コミュニティの外部から個人に直接及ぶことは想定されておらず、自分や家族の健康と身の安全に関したことがらを中心に学ぶ。

以上、算数と保健の教科書について見たが、いずれも、学校を終えてアーミッシュの一員たるべく準備をするのに適した内容構成である。

アーミッシュの教育の基本は「読み」である。「読み」は、教育の内容であると同時に方法でもある。本文中にも述べられているように、読みの能力は、理解力をつくりだすと考えられている。それは、社会や算数など他の教科の基盤となり、これらの教科の能力をもうみだす。したがって、教

表 3　保健の教科書の内容分野の割合（%）

アメリカ

内容分野	幼稚園	1 年	2 年	3 年	4 年	5 年	6 年	平均
個人の健康	13.0	11.4	11.1	11.4	10.6	11.3	12.0	11.5
成長と発達	13.0	11.4	11.1	11.4	12.8	11.3	10.0	11.5
精神的、知的健康	8.7	11.4	11.1	9.1	8.5	5.7	6.0	8.6
家族と社会の保健衛生	8.7	11.4	8.3	6.8	6.4	7.5	8.0	8.1
栄　養	8.7	11.4	11.1	11.4	10.6	11.3	10.0	10.6
運動と健康	4.3	5.7	5.6	9.1	8.5	9.4	10.0	7.5
病気の予防	8.7	8.6	8.3	11.4	10.6	11.3	12.0	10.1
タバコと麻薬	8.7	5.7	8.3	9.1	12.8	13.2	14.0	10.2
安全と危害の予防	17.4	17.1	16.7	13.6	12.8	7.5	10.0	13.5
コミュニティと環境	8.7	5.7	8.3	6.8	6.4	11.3	8.0	7.8

S.C.Giarratano-Russell & D. Lloyd-Kolkin, Health Kindergarten, 2000; Health First Grade, 2000; Health Second Grade, 2000; Health Third Grade, 2000; Health Fourth Grade, 2000; Health Fifth Grade, 2000; Health Sixth Grade, McGRAW-HILL, 2000

アーミッシュ

内容分野	1 年	2 年	3 年	4 年	5 年	6 年	7 年	8 年	平均
個人の健康	61.5	40.0	38.2	26.7	43.5	0.0	15.0	3.9	28.6
成長と発達	0.0	0.0	2.9	15.6	16.1	1.9	45.0	9.1	11.3
精神的、知的健康	0.0	2.5	5.9	0.0	14.5	3.7	6.7	3.9	4.6
家族と社会の保健衛生	7.7	25.0	0.0	0.0	1.6	0.0	8.3	5.2	5.9
栄　養	19.2	5.0	11.8	17.8	0.0	42.6	0.0	13.0	13.6
運動と健康	11.5	22.5	23.5	26.7	19.4	25.9	16.7	13.0	19.9
病気の予防	0.0	0.0	5.9	0.0	1.6	16.7	3.3	10.4	4.7
タバコと麻薬	0.0	0.0	0.0	2.2	1.6	1.9	3.3	6.5	1.9
安全と危害の予防	0.0	0.0	5.9	4.4	1.6	1.9	1.7	20.8	4.5
コミュニティと環境	0.0	0.0	5.9	6.7	0.0	5.6	0.0	4.3	2.8

E.Jones, et. al., My First Health Book, 1986; My Second Health Book, 1984; Easy Steps to Health, 1997; Your Health and You, 1987; Keeping Healthy, 1992; For Healthful Living, 1997; Good Health for Better Living, Gordonville, 1989

師はいろいろな方法で、「読み」を学ばせる。こどもたちは、よく、クラス全員の前で、「読み」を発表する。しかもそれは、しばしば、暗唱でおこなわれる。詩の朗読も多い。また、勉強時間の始まりや終わり、人々を迎える時や各種のイベントには歌がうたわれる。必ず斉唱でうたわれる歌は、こどもたちに、協調と協同の精神を養うのに役立っている。「読み」をはじめとして、これらはこどもたちが、自己主張ではなく、人々の中で自分を表現し、自分の位置を認識するのにも役立っている。

クラスを学年別に編成することなく、一年生から八年生までが同一の教室で学ぶ。上級生は下級生の面倒をみたり、教師の仕事の手助けをする。下級生は上級生の様子を見ながら、様々なことを自分で学びとる。学校は家庭やコミュニティの延長である。なぜなら、クラスのメンバーは兄弟姉妹や近所の友だちであるからだ。こどもたちは、学校において、アーミッシュ社会の基本的価値である慎ましさを身につけ、競争ではなく、協同と協調の精神を学ぶのである。

教科以外にもうひとつ、近代の公教育と大きく異なるのは教師である。特別の訓練や教育を受けていない若者（ほとんどが女性）が、二〇～三〇人のクラスを協調させながら教える。彼らは、実践のなかで教育について一から学び、自分のものとせねばならない。一人で、しかも素人に近い若者が、学校の責任者として教育にあたることは容易ではない。学校ではさまざまな問題が起こる。それに対して、若い教師は、ブラックボード・ブルテン誌や教師用の指導書

成績簿（左）とフラッシュカード（右）

はもちろん、他の教師の意見や経験を参考にして必要なことを学びとるのである。

多くの教師が集まって、教育上の問題を話し合い、経験と智恵を出し合って解決法を探るのが教師の研修会である。若い教師は、自発的にもたれるこの集まりで、先輩教師の意見や経験から多くを学ぶのである。

教師向けの雑誌『ブラックボード・ブルテン』には、教えるためのコツが掲載されているけれども、それらは教育理論に基づいたものではなく、各教師が日々の教育実践のなかから掴み、つくり出したものである。算数、読み、書きの手作り教材や教え方をはじめ、教室の飾り付け、各種のゲーム、さらにはギフトの作り方までが掲載されている。

『ブラックボード・ブルテン』誌への教師

からの投稿を編纂した教師向けの指導書『チョークダスト』には、こどもたちへの接し方に関して、「九つのべからず」があげられている。（“Chalkdust”, Pathway Publishers, 1991, pp. 9-13）

① あなたの仕事を通常のたやすいものと考えてはいけない。こどもたちの未来はあなたの肩にかかっている。

② 実行できない規則をつくってはいけない。きまりはできるだけ少なくして、注意深くはじめなさい。

③ 皆の前でこどもを罵ってはいけない。

④ 怒って話してはいけない。そうなる前に原因を取り除きなさい。

⑤ 特定のこどもに特別の態度をとってはいけない。どの子にも等しく接するのが大切。

⑥ こどもたちと言い争ってはいけない。やさしく、かつ、確固とした口調で決めたことを説明しなさい。

⑦ 結論を急いではいけない。性急な行動は後悔のもと。

⑧ 完全に理解していない課題を教えてはいけない。教師用マニュアル、指導書、辞書、百科事典などによって、こどもたちの質問に答えられるよう準備しなさい。

⑨ 自分のまちがいや知らないことを認めるのを恐れてはいけない。他の教師、教育委員会

メンバー、親たちにアドバイスを求めなさい。

このように特別の訓練や教育を受けていない若者が、教師として規律をつくり、守らせ、3Rを中心に教えながらこどもたちの発達を促すのである。

学校はまた、両親の参加を強く要望する。機会あるごとに両親は学校を訪問し、学校の空気に触れ、どのような教育がおこなわれているのかを感じ取る。学業や態度に問題のあるこどもの親には、教師がすぐに連絡をとる。六週間に一度通知票が記され、親はそれにサインをして学校へ戻す。数多くなされるこのようなやりとりによって、学校と家庭は近しい関係を保っている。

両親との協同とならんで、教育委員会も、アーミッシュの学校教育で大きな役割をはたしている。教育委員会は学業だけでなく、予算の管理、運営をはじめとして、学校に関するすべての決定とアドバイスをする機関であり、いわば学校評議会として機能している。地域のメンバーと親、そして教師が、学校教育をめぐるあらゆる問題を話題にして解決を図るのである。

教育の成果

では、このような前近代的ともいえるアーミッシュの教育は、教育効果、すなわちこどもの発達の観点からはどのように評価されるのであろうか。

アーミッシュ出身の文化人類学者ホステッテラーは、アーミッシュのこどもたちの学力と人格形成を学力テストや描画など様々な方法によって分析し評価している。その結果は、次の二点に要約される。

一、アーミッシュのこどもたちの学力は、非アーミッシュのこどもたちと比べ、同等か、それ以上である。

二、アーミッシュのこどもたちの人格形成は、家庭教育によるところが大きく、穏和で、責任感が強く、協調性のあるアーミッシュのパーソナリティが形成される。また、こどもたちは外的環境認識力を、非常に早期に獲得する。(J. A. Hostedler and G. E. Huntington, "Amish Children", Harcourt Brace Jovanovich College Publishers, 1992, pp. 93-107)

多くのテストによって、アーミッシュと非アーミッシュのこどもたちの学力が比べられた。その結果、アーミッシュのこどもたちは、第二外国語である英語の語彙力を除いて、非アーミッシュのこどもたちと同等かそれ以上の学力レベルにあった。

たとえば、アイオワ式基礎学力テストを用いて、五〜八年生のこどもたちの語彙力、読解力、つづり、文法、教材資料の知識と活用、算数について調べたところ、つづり、語彙、算数はアーミッシュのこどもの方がすぐれていた。一〜六年生を対象にしたスタンフォード式学力テストでは両者はほとんど同等であったが、算数はやはりアーミッシュのこどもの方がすぐれていた。八年生の学校を卒業した職業学校の生徒についてのカナダ式学力テストでも、アーミッシュの生徒は、つづり、ことばの使い方、計算力において同世代の平均より五〜九ヶ月上の成績であった。

非言語的知性を表す人物描画テストでは、六〜一五歳のアーミッシュのこどもの成績は標準を上回っていた。興味深いことに、男子生徒は女子よりも非アーミッシュの人物を描く割合が高く、男子はより強く外の世界へ向かっていることが示されている。

認識と判断に関するマイヤース・ブリグス指標によると、アーミッシュのこどもの多くは、静かで、友好的で、責任感があり、誠実なタイプに属する。

「幸福時の描画」では、彼らは子守り、卵集め、料理などを描くことが多い。これらは、幼少の時から、彼らが責任を持ってやってきた家庭での仕事である。他に読書、食事、魚釣り、アイススケート、旅行などが楽しい時であり、多くの場合、自分と他の人が一緒に参加した場面が描かれている。

「家の描写」では、アーミッシュのこどもたちは、家屋のみでなく、納屋、庭、小径なども家の一部として描きいれる。そして、「私は、この家が好きです」など家についてポジティブなコメントを書き添える。それに対して、非アーミッシュのこどもの場合、家の周りの建物を描くことはまれであり、家の中の一部屋か自分のベッドのみを描く子もいる。

また、特筆すべきは、アーミッシュのこどもたちが非常に小さな時からリアルな色彩で外部環境を描くことである。小さなこどもたちが、外部に敏感に反応することは、幼い時から社会的成長(社会化)がなされることを意味している。実際、筆者は、五歳ほどの小さな子が仔牛の世話など自分の仕事を誇らしげに説明する様子に非常に驚き、強く感銘をうけた。このような経験を何度もしている。

アーミッシュの家庭では、小さな時からこどもに責任をもたせ、仕事を与える。また、「してはいけないこと」と「すべきこと」を日常生活の中で常に教える。このような家庭教育が、こどもの発達・成長と人格形成に対して大きな役割を果たすのである。

また、教育は、アーミッシュ社会に対しても大きな役割を果たしている。それは、アーミッシュ社会の持続可能性への寄与である。アーミッシュは、近代社会のなかにあって二〇〇年以上も独自のライフスタイルを保持し、彼らの社会を持続発展させてきた。一般に、社会システムが持続するためには、代謝、関係性、自律が必要である(杉原利治、前掲書、一五八~一八一頁）。アーミッシュの教育は、これらの三条件とどのように関わりながら彼らの社会を持続可能にしているのだろうか。

まず、家庭やコミュニティは、物とエネルギーを他の家庭やコミュニティ、そして外の世界との間でやりとりせねばならない（代謝）。そのためには、それを担う人材、すなわちアーミッシュとして生きる人間が必要である。成人した若者五人のうち四人までが再洗礼を受け、アーミッシュ社会にとどまり、ライフスタイルを守って生きることを選択する。これは、幼時からの家庭教育と学校教育の最も大きな成果である。その結果、アーミッシュ社会は、生産、消費活動を活発におこない発展してきたのである。

関係性についてはどうだろうか。アーミッシュは、家庭とコミュニティにおいて緊密な人間関係を保っている。これら小さな社会システム内での直接的情報交換が、確かなコミュニケーションを可能にし、緊密な人間関係をつくりだしているのだ。教育も、彼らが成人になる前の時期に、相互扶助と謙虚さによって支えられた緊密な人間関係をコミュニティにおいて築くのに大きく寄与している。なぜなら、アーミッシュの生活は家族単位であり、通常は家族全員が農場や家庭で仕事をしてすごし、友人を訪問するのは休みの日に限られているからだ。しかし、学校に行けば、コミュニティの仲間たちがいる。こどもたちは、学校で学習のみならず人と人との関係の持ち方、特に協調と協同の精神に基づくアーミッシュとしての人間関係を学び、つくり上げるのである。

教師の研修会も、アーミッシュ社会における関係性の確保に寄与している。アーミッシュは固い信念をもって独自の生活を続けているが、今や二〇万人を越えようとする彼らの社会を統括する中央機関は存在しない。定期的な協議会もない。彼らにとって、家族と所属する百数十人ほどのコミュニティがすべてである。同じオールド・オーダーであっても、他のコミュニティに対しては意外なほど関心が低いのである。

そんななかで、教師の研修会は例外的な集まりである。郡内各地、時には州内のアーミッシュ教師が集まって教育について議論を交わす。それは同時に、コミュニティ間の情報交換の場でもある。この集まりによって、彼らはアーミッシュとしてのアイデンティティを確認し、絆をさらに強固にするのである。そしてそれは、学校でのこどもたちの教育に反映される。このように学校教育が、アーミッシュの関係性の維持と強化に大きく寄与している。

持続可能性の三つ目の条件、自律についてはどうだろうか。システムの自律とは、外部から社会システムに加えられた摂動が、システム内部に引き起こす矛盾に対し、社会システムを内部から改変し、再構築することによって問題の解決をはかることである。この点、アメリカ合衆国との軋轢によってうまれたアーミッシュの学校教育は、彼らの社会を脅かす外の世界からの圧力に抗して、彼らがとった自律的行動であるといえよう。

もし、自分たちで学校を運営し、こどもたちを教育するということがなかったならば、アーミッシュを去る青年の数は激増し、アーミッシュ社会は衰退していただろう。外の世界の世俗的な価値観がこどもたちを浸すだけでなく、情報の氾濫とそれにともなうアイデンティティの希薄化が、成人時、自分の生き方を選択する際に青年たちを強く惑わすに違いないからである。本書の最後に、アーミッシュ出身で心理学博士の学位をもつ男性がいみじくも結論づけている。「悲しいことだが、高校に進学したアーミッシュのこどもが、そのままアーミッシュ社会にとどまることは、ほぼ不可能だ。」

現代社会とアーミッシュの教育

アーミッシュは独特のやり方でオルタナティブ社会をつくりあげ、それを持続可能にしてきた。産業革命の成果をそのまま受け入れるのではなく、文明の利器の選択的利用という巧妙な回路を用意し、また情報をコントロールすることによって、近代社会のなかで非近代を生きてきた。さらに二〇世紀後半、外の世界が消費社会へと大きく変貌するなかで、独自の学校教育をおこなうことにより、アイデンティティと自治を守りその社会を持続させてきたのである。

アーミッシュの教育は、近代化をめぐる外の世界との対立の産物である。しかしそれはアーミッシュにとどまらず、現代社会そのものがかかえる問題の裏返しでもある。いつの世も教育は社会と無縁ではない。個人の能力の向上を援助するはずの教育は、社会情勢などにより大きく左右され続けてきた。教育の価値観、内容、方法が、社会経済的条件によって変化するからである。

教育の過程を、価値観にもとづく情報のやりとりと考えるならば、アーミッシュの教育は基本的価値の変化を極めて小さく押しとどめ、限定的ではあるが選択された情報をやりとりすることで成り立っているということができる。一方、外の世界では、一九世紀の産業革命以降価値観が大きく変化し、教育はその波を直接受けてきた。個人の能力の開花をめざす個人主義が近代の価値観であるけれども、近代教育は一方で、社会の都市化に伴う多様性をまとめあげる共通の教育価値＝スタンダードを必要としたのである。また、そこで扱われる情報の量と質もめまぐるしく変化してきた。

その典型例が、アメリカの近代教育である。産業革命の結果、地方に対して都市は社会的経済的に優位となった。そして、物質的「豊富」を背景とした都市の論理が、公教育においても貫徹されたのである。それは地域社会を基盤とした小規模学校を統廃合して、広域行政による大規模学校へと変化させた。また、教育の内容と方法についても、地域のカラーや独自性を奪い、州、さらにアメリカ全体の教育スタンダードによるものへと変化させた。

一九世紀、世界に先駆けて義務教育制度を導入し、自由と平等、そして「豊富」な消費を保証するアメリカ型民主主義教育によって、広大な国土に多様な人々が居住する国をまとめあげようとしてきたのである。そしてまた、世界各国は、その後を必死に追ってきた。かくして、二〇世紀には、このアメリカ型の教育スタンダードが、現代社会における教育のグローバル・スタンダードとして確立したのである。

ところが二〇世紀後半、アメリカのみならず世界のすみずみまで都市化がすすみ、物財の利用の増大と生活空間の拡大が著しく進行した結果、人間関係の希薄化、アイデンティティの喪失、資源の枯渇、地球環境の悪化など多くの深刻な問題が生じ、それらは現代社会の存続をも脅かすに至ったのである。このようななか社会の複雑化、多様化への対応と諸問題の解決を教育が担わせられることとなった。また、学校やコミュニティの脆弱化により、それまで家庭やコミュニティで担われてきた教育についても学校が受けもたざるを得なくなった。そのため、学校教育には、新しい教科や学習内容が次々と加わってきた。

日本では、道徳教育、情操教育、コンピュータ教育、環境教育、消費者教育……最近の総合学習の時間もこの流れのなかに位置づけられよう。新しい教科が加われば、その分、3Rは減少する。しかもこれらの教育は、往々にして問題解決が自己目的化し、人間発達の視点が薄くなりがちである。このような事態が、こどもたちの学力低下をもたらし、人間の発達の援助という教育本来の目的が危うくなりつつあるのだ。先に見たアーミッシュのこどもたちについての教育評価によれば、個人よりも家族と共同体を優先するアーミッシュの方が、ある意味では、こどもたちの能力を開花させてきたともみなせるのである。しかも、現代社会では、教育、特に義務教育が生活や仕事に結びつかない。一部の専門職や免許によって保護された職業をのぞいては、学習努力が個人の将来に反映されないのだ。

さらに、家庭やコミュニティの力が薄れている現代社会では、情報量が増大し、物理的に拡大した空間のなかにこどもたちは際限なく拡散している。その不安定感が教育をいっそう困難なものにしている。登校拒否、いじめ、学力低下など、学校教育をめぐる不幸な現象は枚挙にいとまがない。

このように現代社会における学校の崩壊、教育の衰退は、都市化による社会のグローバル化とアイデンティティの希薄化の帰結である。したがって、現在の教育制度、内容、方法を保ったままでは教育の再生は望むべくもない。また、共通スタンダードの樹立や教育の中央集権化によって、価値観の多様性に対応することもほとんど不可能である。したがって、教育を蘇生させるためには、個としての人間に立ち返った新しい教育が必要となる。同時に、情報化社会のなかで本来の生活を取り戻し、家庭や地域など様々な社会システムのレベルで関係性を回復することも必須となるだろう。

情報と教育――アーミッシュと現代社会の二一世紀

一九世紀の第一次産業革命は都市化とともに近代学校制度をもたらし、二〇世紀の第二次産業革命は田園の都市化を完遂させた。都市化は、物財と情報の増大を原動力として、効率とスピードをモットーとする消費社会をつくりあげたのである。

物財の増大に対しては、二〇世紀後半、資源・環境問題の深刻化によってブレーキがかかった。一方、情報については、その量的拡大が進歩と豊かさをもたらすと信じられてきた。しかし近年、急激に増大する情報は、個人が管理し有効に処理活用できる限界を越えつつあるようにみえる。マスメディアからの情報だけでなく、最近ではパーソナルメディアによる情報量も急増している。また、複雑化する社会への対応のため、教育が提供する情報も多岐にわたっている。

しかしながら、供給される情報量が急増する一方で、消費される情報の割合はむしろ低下している。これは、無駄な情報が多く供給されていることと人間の情報処理能力が供給情報量の増加に追いつかないことによる（杉原利治、前掲書、二〇四～二二六頁）。多くの情報を得て、自由度が増し、選択の機会が増大したにもかかわらず、適切な意思決定が容易でない状況が出現しているのだ。そして、価値観が激変し、多様化するなかで、情報の増大は、まず、教育に黄色信号を灯しはじめたようである。

一方、現代社会とは対照的にアーミッシュは生活空間を小さく保ち、価値観の急変と多様化を防ぎ、情報の増大を押しとどめてきた。仕事と遊び、生産と消費、学習と教養・娯楽が混然とした彼らの生活は、かつてないほどの困難に直面している現代社会の教育、特に、学校教育に再考を迫っている。

アーミッシュは、空間と情報を限定的に保ちながら、日常生活のなかで知の統合をはかっている。彼らの社会では、家庭、学校、コミュニティにおいて学習された知がそのまま生活知となるのである。それに対して現代社会では、高度化する一方の知は分裂したままである。したがって、知が一人の人間の中で統合され、そしてまた、知が生活と分離しない教育が再評価されるべきではないだろうか。そのためには個としての人間の発達にとって、どのような情報がどのように獲得されるべきか、すなわち、情報化社会のなかでの教育の内容と方法が問題とされねばならない。

人間には本来、莫大な情報をフィルターにかけて、自分に必要な情報を取捨選択して摂取する能力が備わっている。学校教育においても、一人一人が必要な情報を見つけだし、それを適切に処理して、自己の意思決定に役立てることのできる情報の自己管理能力の獲得が必要だろう。このような情報の管理と活用能力を、一人一人のこどもが身につけ、人間として成長する手助けを教育はおこなうべきではないだろうか。そしてさらに、新しい教育のための内容と方法を見いだし、情報化時代の3Rを確立せねばならないだろう。また、グローバル化の進行とともに希薄となった家庭やコミュニティの再生も必要だろう。社会的、技術的には、これらを援助、促進するシステムも求められよう。

最後に、アーミッシュの教育の未来についてもふれねばならない。情報の量を制限し、かわりに情報の質を確保する彼らの教育は人間の発達に関して大きな疑問をいだかせる。実際、彼らの生活には様々な問題が生じはじめている。これまで彼らは、新しい情報や知識を欠如させたまま、現代的課題を無意識にクリアしてきた。しかし、健康や安全の面で、知識や情報の不足が彼らの社会に深刻な陰を落としている。『ファミリー・ライフ』などアーミッシュ家庭向けの雑誌が、八年間の教育を知識面で補完しているけれども十分ではないのだ。

たとえば、脂肪と塩分の多い食事が心臓病を多発させている。栄養の偏りを是正するために、サプリメントを摂る人さえいる。また、彼らは洗剤の使用や廃棄物に無頓着である。エネルギー使用が少なく、環境負荷の小さな生活も、意識してなされているわけではない。

このような状況を憂い、学校で栄養や健康、安全などについてもっと学ぶべきだと考えるアーミッシュも多い。ペンシルベニア州ランカスター郡では、学校を卒業し農業をはじめた青年たちに対して、アメリカ人の講師が栄養・健康に関する教育をおこなう青年学校の試みもはじまっている。

また、アーミッシュの社会は、近年、外の世界の影響を強く受けるようになってきた。彼らが世俗的な社会との接触を避けたとしても、外の世界との完全な分離は元々不可能である。特に最近、アーミッシュは生産、消費活動を活発におこなっているので、外の世界との間でエネルギーや物、情報のやりとりが多くなされるのは当然である。アーミッシュの青年が、麻薬所持で逮捕された事件は、記憶に新しい。麻薬やタバコの害について、学校で多くを学ばない彼らは、外の世界の害毒に汚染されやすい。世俗的な外の世界との接触やマスメディアを制限するだけでは、問題を根本的に解決することはできないだろう。

彼らは物財の使用に関して、非常に洗練された方法を生み出し応用してきた。物財の利用を完全に拒否するのではなく、まず使用した後、彼らの価値観にしたがってその結果を評価し利用の仕方を決定してきたのだ。情報についても、今後このような方法が必要となるだろう。情報をむやみに制限するのではなく、彼らの価値観にしたがって選択的に利用すること、すなわち、アーミッシュ流の情報管理が特に教育の場において必要となるであろう。

現代社会においては、情報の増大が進歩であり、豊かさをもたらすと信じられてきた。これに対して、情報を厳しく制限してきたのがアーミッシュである。しかしながら、無原則的な情報量の拡大と原理主義的な情報制限、そのいずれもが情報過程としての教育を考えた場合、有限の時間を生きる人間の発達にとって有効ではないだろう。したがって、今後、教育をはじめとしてあらゆる生活場面において、真の意味での情報の自己管理が現代社会とアーミッシュ社会両方の行方を左右するほど重要なものとなるに違いない。そして、その成否は、二つの社会における価値観にかかっているといえよう。

アーミッシュは彼らの基本的価値である「簡素」に依拠して、情報の管理、活用法を探るだろう。それに対して、現代社会では価値観が大きく揺らいでいる。

現代社会が持続可能であるために、外の世界はこれまで信奉されてきた「豊富」のかわりにどのような価値を必要とし、そしてそれはどのようにして獲得されるのだろうか。二一世紀に課せられたこの大きな課題に対して、規範や共通スタンダードから自由で個としての人間の発達に立脚した新しい教育が、ひとつの解答を示してくれるかもしれない。

アーミッシュ関係の文献

アーミッシュの生活と歴史

Good, Merle, *Who Are the Amish?*, Good Books, Intercourse, Pennsylvania, 1985.

Good, Merle and Phyllis, *Twenty Most Asked Questions about the Amish and Mennonites*, Good Books, Intercourse, Pennsylvania, 1995.

Hostetler, John A., *Amish Life.*, Herald Press, Scottdale, Pennsylvania, 1995.

Hostetler, John A., *Amish Society* (third edition), Johns Hopkins University Press, Baltimore, Maryland, 1980.

Hostetler, John A. and Gertrude E. Huntington, *Amish Children: Education in the Family, School, and Community* (second edition), Harcourt, Brace, Jovanovich College Publishers, New York, New York, 1992.

Hostetler, John A. and Gertrude E. Huntington, *Children in Amish Society.* Holt, Rinehart, and Winston, Inc., New York, 1971.

Kraybill, Donald B., *The Puzzles of Amish Life*, Good Books, Intercourcse, Pennsylvania, 1990, 1995. 杉原利治・大藪千穂訳『アーミッシュの謎』、論創社、1996年

Mennonite Encyclopedia, The. Herald Press, Scottdale, Pennsylvania, 1959.

Nolt, Steven, *A History of the Amish*, Good Books, Intercourse, Pennsylvania, 1992.

Ruth, John L., *A Quiet and Peaceable Life*, Good Books, Intercourse, Pennsylvania, 1985.

Scott, Stephen, *Plain Buggies*, Gook Books, Intercourse, Pennsylvania, 1981.

Scott, Stephen, *Why Do They Dress That Why?*, Good Books, Intercourse, Pennsylvania, 1986

アーミッシュ学校について

Esh, Christian G., *The Beginning and Development of Parochial Special Schools in Lancaster County*, Gordonville Print Shop, Gordonville, Pennsylvania, 1982.

Keim, Albert N., *Compulsory Education and the Amish: The Right Not to be Modern*, Beacon Press, Bostron, Massachusetts, 1975.

Kinsinger, Andrew S., Guidelines: *In Regards to the Old Order Amish or Mennonite Parochial Schools*, Gordonville Print Shop, Gordonville, Pennsylvania, 1978.

Rodgers, Harrell R., Jr., *Community Conflict, Public Opinion and the Law: The Amish Dispute in Iowa*, Charles E. Merrill Publishing Co., Columbia, Ohio, 1969.

Stoll, Joseph, *Who Shall Educate Our Children?*, Pathway Publishing House, Aylmer, Ontario, 1965.

アーミッシュの教師と生徒について

Blackboard Bulletin, Pathway Publishing House, Aylmer, Ontario. アーミッシュの教師向けの月刊誌。

Byler, Uria R., *School Bells Ringing: A Manual for Amish Teachers and Parents*, Pathway Publishers, 1969

Family Life, Pathway Publishing House, Aylmer, Ontario. アーミッシュの家庭向け月刊誌。

Gordonville Print Shop (Old Order Book Society), Gordonville, Pennsylvania. 古い公立学校の教材の再出版を含めてアーミッシュ学校に関する広範囲にわたる教材を出版している。

Pathway Reading Series. *First Steps, Days Go By, More Days Go By, Busy Times, More Busy Times, Climbing Higher, New Friends, More New Friends, Building Our Lives, Living Together, Step By Step, Seeking True*

Values, Our Heritage. アーミッシュ学校用に特別に編纂された一年生から八年生向けの国語（リーダー）の教科書。Pathway Publishing House, Aylmer, Onatario.

Stoll, Joseph, ed., *The Challenge of the Child: Selections from The Blackboard Bulletin, 1957-1966*, Pathway Publishing House, Aylmer, Ontario, 1967.

Teacher Talk: Selections from The Blackboard Bulletin, 1968-1972, Pathway Publishing House, Aylmer, Ontario, 1970.

アーミッシュのこどもについての物語

Beiler, Edna, *Mattie Mae*, Herald Press, Scottdale, Pennsylvania, 1967.

Cousin, Carrie, *Girl in the Mirror*, Pathway Publishing House, Aylmer, Ontario, 1972.

DeAngeli, Marguerite, *Henner's Lydia*, Doubleday, New York, 1937.

DeAngeli, Marguerite, *Yonie Wondernose*, Doubleday, New York, 19944.

Good, Merie. Amos and Susie, *An Amish Story*, Good Books, Intercourse, Pennsylvania, 1933.

Lenski, Lois, *Shoo-Fly Girl*, J. B. Lippincott, Philadelphia, Pennsylvania, 1963.

Moss, P. Buckly and Merle Good, *Reuben and the Blizzard*, Good Books, Intercourse, Pennsylvania, 1995.

Moss, P. Buckly and Merle Good, *Reuben and the Fire*, Good Books, Intercourse, Pennsylvania, 1993.

Naylor, Phyllis R., *An Amish Family*, Lamplight Publishers, New York, New York, 1977.

Pellman, Rachel and Kenneth, *Amish Crib Quilts*, Good Books, Intercourse, Pennsylvania, 1985.

Smucker, Barbara, *Amish Adventure*, Herald Press, Scottdale, Pennsylvania, 1983.

Stoll, Elmo, *The Midnight Test*, Pathway Publishers, Aylmer, Ontario, 1969.

Yoder, Joseph W., *Rosanna of the Amish*, Herald Press, Scottdale, Pennsylvania, 1973.

【著者】
サラ・フィッシャー
ペンシルベニア州東ランカスター郡のオールド・オーダー・アーミッシュのコミュニティ・メンバーである。アーミッシュの一教室制の学校でこどもたちを教えたが、体の調子を崩し、八期で教えるのを辞めた。ジョンズ・ホプキンス大学の医学部で、コミュニティに関する研究を手伝ったり、アーミッシュスタイルのレストランで働くなど、いろいろな仕事をした。現在、地元のクリーニング店で働いている。

レイチェル・ストール
メノナイトの両親を持ち、ヨーロッパで生まれた。成人してからは、アメリカ合衆国で暮らす。現在は、ペンシルベニア州にあるドイツ系会社の秘書をしている。

【訳者】
杉原利治（すぎはら・としはる）
1947年岐阜県生まれ。京都大学工学部卒。同大学院、ハーバード大学医学部を経て、現在、岐阜大学教授（環境情報論）。工学博士。
E-mail ; chisei@ cc.gifu-u.ac.jp
主な著書に、『家庭廃棄物を考える』（昭和堂、1991、共著）『アーミッシュの謎』（論創社、1996、訳書）『21世紀の情報とライフスタイル』（論創社、2001）など。
勤務先：〒501-1112　岐阜市柳戸1-1

大藪千穂（おおやぶ・ちほ）
1962年京都市生まれ。ノートルダム女子大学文学部卒。大阪市立大学大学院を経て、現在、岐阜大学助教授（生活経済学）。学術博士。
E-mail ; chiho@cc.gifu-u.ac.jp
主な著書に、『消費者問題』（晃洋書房、1995、共著）『21世紀の生活デザイン』（大衆書房、2000、共著）『アーミッシュの謎』（論創社、1996、訳書）など。

アーミッシュの学校

2004年6月20日　初版第1刷印刷
2004年6月30日　初版第1刷発行
著者　サラ・フィッシャー＋レイチェル・ストール
訳者　杉原利治＋大藪千穂©
発行者　森下紀夫
発行所　論創社
東京都千代田区神田神保町2-23
振替口座　00160-1-155266　電話03（3264）5254
装幀　イクノグラフィア　印刷・製本　中央精版印刷
ISBN4-8460-0502-X　Printed in Japan